U0828623

全国学会财务会计知识手册

中国科协学会服务中心　编著

中国社会出版社
国家一级出版社・全国百佳图书出版单位

图书在版编目（CIP）数据

全国学会财务会计知识手册／中国科协学会服务中心编著．—北京：中国社会出版社，2021.6

ISBN 978-7-5087-6546-4

Ⅰ.①全…　Ⅱ.①中…　Ⅲ.①财务会计—基本知识—手册　Ⅳ.①F234.4-62

中国版本图书馆 CIP 数据核字（2021）第 089148 号

书　　名： 全国学会财务会计知识手册
编 著 者： 中国科协学会服务中心

出 版 人： 浦善新
终 审 人： 李　浩
策划编辑： 孙武斌
责任编辑： 杨春岩　朱永玲

出版发行： 中国社会出版社　**邮政编码：** 100032
通联方式： 北京市西城区二龙路甲 33 号
电　　话： 编辑室：（010）58124829
销售部：（010）58124848
传　真：（010）58124829
网　　址： shcbs.mca.gov.cn
经　　销： 各地新华书店

中国社会出版社天猫旗舰店

印刷装订： 中国电影出版社印刷厂
开　　本： 170mm×240mm　1/16
印　　张： 14
字　　数： 176 千字
版　　次： 2021 年 6 月第 1 版
印　　次： 2021 年 6 月第 1 次印刷
定　　价： 56.00 元

中国社会出版社微信公众号

编委会

主　任　申金升

副主任　朱文辉　任宏艳

委　员　（按姓氏拼音排序）

刘振声　倪锐民　任　壮　唐　祯

杨　理　张玮琳

编写组

主　编　任　壮

副主编　张玮琳　唐　祯

成　员　（按姓氏拼音排序）

曹瑞芳　古　丽　李春莉　刘颖华

苏伟丽　王　冠　王　坛　邢　梅

闫　爽　于亚男　郑素萍　周　涛

前　言

为深入贯彻落实习近平总书记在两院院士大会和中国科协第十次全国代表大会上的重要讲话精神，服务高水平的科技自立自强，推动中国科协所属全国学会、协会、研究会（以下简称全国学会）高质量发展，中国科协学会服务中心进一步聚焦靶心、突出重心，积极探索学会治理能力现代化的标准与路径，围绕为科技工作者服务、为创新驱动发展服务、为提高全民科学素质服务、为党和政府科学决策服务的职责定位，不断提升服务学会的方式和内涵，推进学会向世界一流学会迈进。

学会是科协的组织基础，学会财务管理是加强学会建设、提高学会发展活力、实现学会良性可持续发展的关键。学会的财务会计不同于政府公共财务会计，也有别于企业的财务会计。这就要求我们全面认识学会财务会计基本知识，掌握学会财务制度规定、核算要求、报表编制和使用等内容，要求相关学会负责人会读、会看和会用财务报告及学会财务日常信息。

本手册根据现行财税法律法规的规定，逐条梳理了全国学会财务决策和财务管理过程中所涉财务知识，并作了系统性解释。从基本概念、财务报表、审计报告、年度检查、财务核算、制度内容六个方面，围绕23类常见问题和24种财务制度，列出通解、要点提示或常见问题，并进行政策解析或案例解析，力图为全国学会提升财务决策水平、规范财务管理、防范财务风险提供帮助。

本手册可作为全国学会理事会（常务理事会）和秘书长修订和完

善财务管理制度辅助资料，也可以作为全国学会领导依据财务数据进行科学决策的辅助参考。

由于本手册编写时间仓促，内容难免有不足疏漏之处，敬请广大全国学会负责人批评指正；如有与最新颁布的政策法规不一致的内容，应以最新的规定为准。未来，我们将在更广泛深入的调研、交流基础上，进一步充实和完善本手册。期待各位全国学会负责人赐教指导！

中国科协学会服务中心

2021 年 6 月

目　录

第一章 会计基本概念

1. 会计制度

会计制度是根据《中华人民共和国会计法》和我国其他有关法律、法规及会计准则制定的规范，是各类会计主体进行会计工作所应遵循的规则、方法、程序的总称。

通解： 从体系管理维度看，会计制度包括会计管理工作的规则、会计科目和会计报表、会计事项处理程序、记账方法、会计核算规程、会计监督和检查方法、会计档案管理方法、会计人员的职业道德标准及其他会计事务的规定等内容。从行业规范维度看，财政部针对不同行业会计主体统一颁布国家层级会计制度，如《企业会计制度》《小企业会计制度》《民间非营利组织会计制度》《村集体经济组织会计制度》等。各省、自治区、直辖市以及国务院业务主管部门，在与会计法和国家统一会计制度不相抵触的前提下，可以制定本地区、本部门的会计制度或者补充规定。

分析： 使用会计制度的正确性直接影响到学会财务数据的信息质量。实践中，有相当一部分学会将基础会计事项委托给代理记账公司、会计师事务所或兼职会计人员，这不失为一种折中过渡的有效方法。但是，大多数中介机构没有专门的社会组织记账部门，记账会计也不熟悉或不了解《民间非营利组织会计制度》，经常将社会组织视同于行政事业单位或小企业，从而使用《行政事业单位会计制度》或《小企业会计制度》进行账务处理。因此，要求被委托方按照《民间非营利组织会计制度》开展会计核算是学会聘请中介机构代理记账最基础、最核心的要求。

2. 本位币业务

民间非营利组织的本位币业务是指以记账本位币作为计量单位发生的款项收付、往来结算等业务。

通解：本位币是一个国家的法定货币，我国的法定货币是人民币。记账本位币是会计主体在会计核算中统一使用的记账货币，一个会计主体只能以一种货币作为记账本位币。记账本位币一经选定，不得随意变更。我国会计法第十二条规定："会计核算以人民币为记账本位币。业务收支以人民币以外的货币为主的单位，可以选定其中一种货币作为记账本位币，但是编报的财务会计报告应当折算为人民币。"

分析：选择不同的记账本位币，对某一会计主体的现金净利润没有任何影响，但由于存在期末财务会计报告货币折算损益问题，有时会对当期净资产变动产生较大影响。因此，在选择记账本位币时，建议财务人员密切关注项目所在地经济形势，合理判断汇率走向，恰当选择记账本位币。建议会计主体选择记账本位币时，应当考虑"收、支、融"三个因素：（1）是否通常以该货币进行商品和劳务收入的计价和结算；（2）是否通常以该货币进行劳务支出和其他费用的计价和结算；（3）是否属于融资活动获得的货币或保存经营收入所使用的货币。

3. 外币业务

民间非营利组织的外币业务是指以记账本位币以外的货币进行的款项收付、往来结算等业务。

通解："外币业务"是相对于"本位币业务"，即人民币业务而言的。只要在款项收付、往来结算的任一环节以外币进行计量皆可认为是外币业务。外国货币可以统一按一定的汇率折算为人民币，称为外币业务统账管理，外币数据只起到辅助作用；也可以是为每个币种设置一套账分别核算，称为外币业务分账管理。我国主要采用外币统账制管理方法。外币业务包括外币交易和外币报表折算，其中“外币交易”主要包括三种业务：（1）买入或卖出以外币计价的商品或者劳务；（2）借入或借出外币资金；（3）其他以外币计价或结算的交易。

分析：学会可以依据重要性、成本效益原则针对频繁发生的外币大额业务采用复币记账方式开展业务核算，在保留外币交易金额的同时按照发生外币业务当日的即期汇率或当月期初汇率作为近似汇率进行折算核算。会计期末，还应将财务报表中所有外币货币性项目的外币金额统一按期末汇率折算为记账本位币金额进行报表编报。因外币交易业务初始确认时使用的汇率与期末汇率不同而形成的折算差额计入当期损益。

4. 非货币性交易

民间非营利组织非货币性交易是指交易双方以非货币性资产进行的交换，这种交换不涉及或只涉及少量的货币性资产（即补价）。其中，货币性资产是指持有的现金及将以固定或可确定金额的货币收取的资产；非货币性资产是指货币性资产以外的资产。

通解：货币性资产包括库存现金、银行存款、其他货币资金、应收账款、应收票据和准备持有至到期的债券投资等；非货币性资产包括存货、固定资产、无形资产、股权投资以及不准备持有至到期的债券投资等。非货币性交易可以理解为传统意义上的“易货贸易”“交换股权”等，即交易双方的主要标的皆为非货币性资产。只有当补价的货币性资产价值不高于整体交易价值的25%时，该项交易才能被认定为非货币性交易。

分析：根据相关规定，“非货币性资产交换具有商业实质且资产的公允价值能够可靠地计量的，换入资产一般应当以换出资产的公允价值和应支付的相关税费（不含增值税进项税额）作为换入资产的成本进行初始计量；不具有商业实质的非货币性资产交换，换入资产应当以换出资产的账面价值和应支付的相关税费（不含增值税进项税额）作为换入资产的初始计量金额”。对于学会而言，如果认定某项交换不具有商业实质，应按照换出资产的账面价值加上购入中发生的除增值税外的相关税费。

5. 资产

民间非营利组织的资产是指过去的交易或者事项形成并由民间非营利组织拥有或者控制的资源，该资源预期会给民间非营利组织带来经济利益或者服务潜力。

通解：“资产”简单来说就是民间非营利组织依法拥有或者控制的“可支配、可计价、可流通、可变现”的财产。“过去的交易或者事项”包括购买、研究行为或者其他交易、服务行为。只有过去的交易或者事项才可能导致资产增加，预期在未来发生的交易或者事项不会导致资产增加。资产按照不同的性质可以划分为流动资产、长期投资、固定资产、无形资产和其他资产。

分析：“资产”一定是在当下或未来能够给民间非营利组织带来可预期经济利益或者服务潜力的财产。否则，即使前期确认为资产的项目，如果不能再为民间非营利组织带来经济利益或者服务潜力，也不能再将其确认为资产。资产由于超过“保质期”而丧失了资产的性质，应计提资产减值损失以减少该项资产。

6. 固定资产

固定资产是指同时具有以下特征的有形资产：（1）为行政管理、提供服务、生产商品或者出租目的而持有的；（2）预计使用年限超过一年；（3）单位价值较高。

通解：“固定资产”是民间非营利组织在较长时间（超过一年）内拥有或控制，具有较高单位价值且可重复使用的实物财产。固定资产核算包括资产的取得、计提折旧、清理减少等业务。固定资产的取得，按其来源不同可分为购入、自建、其他单位投入、融资租入、接受捐赠和盘盈等；固定资产折旧是指对固定资产使用过程中逐渐损耗的那部分价值，在其有效使用期内进行分摊形成折旧费用，计入当期成本；固定资产清理是指对固定资产的报废、出售以及各种不可抗的自然灾害而使固定资产遭到的毁坏和损失的处理。

分析：学会购置行政办公设备等固定资产时，严格设置资产出入库制度，分别进行固定资产价值管理和实物管理。通过建立健全固定资产定期盘点清查制度，设立备查账簿登记使用情况，以便开展资产核查管理，及时追回外借资产。

7. 无形资产

无形资产是指民间非营利组织为开展业务活动、出租给他人或为管理目的而持有的、没有实物形态的非货币性长期资产，包括专利权、非专利技术、商标权、著作权、土地使用权等。

通解：无形资产是相对于有形固定资产而言的。无形资产的确认，一方面需要该资产的成本能够可靠计量，如自创商誉、内部产生和使用的品牌以及报刊名称等，其成本不能可靠计量，所以不应被确认为无形资产；另一方面需要确认该资产有关的经济利益或服务潜力极有可能流入会计主体，如若公开技术方案不完整的专利等，虽然被购入但不能在业务活动中应用，也不应被确认为无形资产。无形资产摊销是指将无形资产原价自取得当月起在预计使用年限内分期平均分摊计入当期费用的核算方法；需要注意的是，无形资产摊销减少的价值是在“累计摊销”科目的贷方进行核算。

分析：根据《民间非营利组织会计制度》第四十五条第二款规定，无形资产在取得时，应当按照取得时的实际成本入账。其中，自行开发并按法律程序申请取得的无形资产，按依法取得时发生的注册费、聘请律师费等费用，作为无形资产的实际成本。依法取得前，在研究与开发过程中发生的材料费用、直接参与开发人员的工资及福利费、开发过程中发生的租金及借款费用等直接计入当期费用。

8. 受托代理资产

受托代理资产是指民间非营利组织接受委托方委托从事受托代理业务而收到的资产。

通解：“受托代理”是受托人遵从委托人的意愿，代表其处理、打理约定事项的法律行为。通常在这个过程中，实质上的权利、义务和法律责任皆由委托人承担。在受托代理过程中，民间非营利组织通常只是从委托方取得受托资产，并按照委托人的意愿将资产转赠给指定的其他组织或者个人，或者按照有关规定将资产转交给指定的其他组织或者个人。受托民间非营利组织本身并不拥有受托资产的所有权和使用权，它只起到中介作用。

分析：《民间非营利组织会计制度》第四十八条规定的“受托代理

业务”是指有明确的转赠或者转交协议，或者虽然无协议但同时满足以下条件的业务：（1）民间非营利组织在取得资产的同时即产生了向具体受益人转赠或转交资产的现时义务，不会导致自身净资产的增加。（2）民间非营利组织仅起到中介而非主导发起作用，帮助委托人将资产转赠或转交给指定的受益人，并且没有权利改变受益人，也没有权利改变资产的用途。（3）委托人已明确指出了具体受益人个人的姓名或受益单位的名称，包括从民间非营利组织提供的名单中指定一个或若干个受益人。民间非营利组织应设置“受托代理资产”科目，核算从事委托代理业务而收到的资产，同时设置与之相对应的“受托代理负债”科目，核算从事委托代理业务而形成的负债。民间非营利组织从事受托代理业务时发生的应归属于其自身的相关税费、运输费等，应当计入当期费用，借记“其他费用”科目，贷记“银行存款”等科目。

9. 交易的公允价值

公允价值是指在公平交易中，熟悉情况的交易双方，自愿进行资产交换或者债务清偿的金额。

通解：公允价值又称为公允价格，通常是指熟悉市场情况的买卖双方在公平交易且自愿的条件下所确定的价格，或是无关联的买卖双方在公平交易的条件下一项资产可以被买卖或者一项负债可以被清偿的成交价格。

分析：根据《民间非营利组织会计制度》第十七条的规定，交易公允价值的确定顺序如下：（1）如果同类或者类似资产存在活跃市场的，应当按照同类或者类似资产的市场价格确定公允价值；（2）如果同类或类似资产不存在活跃市场，或者无法找到同类或者类似资产的，应当采用合理的计价方法确定资产的公允价值。

10. 资产减值准备

资产减值准备是指由于民间非营利组织资产市价持续下跌，或因为质量、技术性能、损坏、长期闲置等原因导致资产可收回金额低于账面价值的情况，应当将可收回金额低于其账面价值的差额作为减值准备金额。

通解：资产的账面价值通常反映会计主体资产的变现能力，即通过资产交易获取现金的能力。根据《民间非营利组织会计制度》第十五条规定，民间非营利组织应当定期或者至少于每年年度终了，对短期投资、应收款项、存货、长期投资等资产是否发生了减值进行检查，如果这些资产发生了减值，应当计提减值准备，确认减值损失，并计入当期费用。如果已计提减值准备的资产价值在以后会计期间得以恢复，则应当在该资产已计提减值准备的范围内部分或全部转回已确认的减值损失，冲减当期费用。特别注意，长期投资、固定资产、无形资产的资产减值损失一经确认，在以后会计期间不得转回。

分析：民间非营利组织应当在“管理费用”科目下设置“资产减值损失”明细科目，核算因提取资产减值准备而确认的资产减值损失。根据《民间非营利组织会计制度》第六十二条第二款规定，计提固定资产减值准备时，借记“管理费用”科目，贷记“固定资产减值准备”科目。此外，按照《民间非营利组织会计制度》第七十一条第六款规定，会计报表附注应当披露“重大资产减值情况的说明”。

11. 存货可变现净值

可变现净值是指民间非营利组织在正常业务活动中，以存货的估计售价减去至完工将要发生的成本以及销售所必需的费用后的金额。

通解：可收回金额是用于评价非流动资产是否存在减值损失，而可变现净值则是用于判断存货是否发生了减值损失。民间非营利组织应当定期或者至少于每年年度终了确定存货的可变现净值，应当以取得的可靠证据为基础，并且考虑持有存货的目的、资产负债表日后事项的影响等因素。如果存货的可变现净值低于其账面价值，应当按照可变现净值低于账面价值的差额计提存货跌价准备，确认存货跌价损失并计入当期费用。如果存货的可变现净值高于其账面价值，应当在该存货期初已计提跌价准备的范围内转回该差额，冲减当期费用。

分析：专用存货可变现净值＝存货估计售价－至完工估计将发生的成本－估计销售费用－相关税金。可变现净值只适用于计价那些为销售而持有的资产，如商品、原材料等。会计实务中，除特殊项目和特殊情况外，一般不采用可变现净值这种计量属性。

12. 货币资金

货币资金是指民间非营利组织拥有的、以货币形式存在的资产，包括现金、银行存款和其他货币资金。其他货币资金包括外埠存款、银行汇票存款、银行本票存款、信用证保证金存款、信用卡存款、存出投资款等。资产负债表中流动资产下的货币资金项目金额，应根据库存现金、银行存款和其他货币资金三个总账账户的期末余额合计数填列，其中具有专门用途的货币资金不包括在内。

通解：货币资金的存量能够准确表现出学会的购买能力、支付水平和偿债能力。学会应当保持一定数量的货币资金，用于发放工资、缴纳税金、支付利息和项目活动劳务及日常开支。不管何种类型的货币资金皆具备可以立即投入流通的特征，学会可以随时使用货币资金进行商品交易、支付劳务和偿还债务。在各种流动资产中，货币资金流动性最强，是唯一能够直接、快速转化为其他形态资产的。学会可以通过收取会员会费、接受现金捐赠、获得银行借款、取得服务收入等方式产生货币资金流入；用于发放工资、支付劳务、归还借款、缴纳税金和支付其他经营费用后，就会形成货币资金流出。货币资金是学会运营过程中资金运动的起点和终点，其流转率、收支频繁率能够在一定程度上反映出业务开展的状况。所以，货币资金的审计和管理评价也是学会流动资产的审查重点。

分析：在学会运营中，货币资金管理制度是学会内控管理制度的重要组成部分，要求货币资金收支业务审核、办理与会计核算岗位分离，收支凭证必须经过有效复核或核准，收支业务及时入账且收支分开处理，建立严密的清查和核对制度做到账实相符，制定严格的现金管理及不定期检查制度等。学会应当采取监管措施，规避风险发生，具体包括：（1）记账与出纳业务的职责相分离，对现金的账实情况进行日常监督和专项监督，查看库存的现金有无超出限额，有无挪用；（2）出纳不应兼任对账职责；（3）督促相关人员及时、全面、正确地进行账务处理，使收支业务及时入账；（4）重点复核银行存款余额调节表的编制是否正确，有无遗漏或收支抵销等情况；（5）监督出纳离入职移交工作，查看移交清单是否完整，对于遗留问题应限期查明。

13. 账面余额

账面余额是指会计科目的账面实际余额，且不扣除作为该科目备抵的项目（如累计折旧、资产减值准备等）。

通解：掌握“账面余额”就要与“账面价值”相区分。账面价值通常是指资产类科目的账面余额减去相关备抵项目后的净额。如应收账款账面余额减去相应的坏账准备后的净额为账面价值。对于学会的债务来讲，其账面价值通常就是该债务的账面余额；但对于债权来说，其账面价值等于账面余额与减值准备之差。

分析：学会对固定资产计提折旧或对无形资产进行摊销，以及计提减值准备时，都不会影响固定资产、无形资产的账面余额。账面余额等于固定资产、无形资产的账面原价。

特别说明：资产负债表中固定资产项目金额是固定资产账面价值加在建工程、固定资产清理账面余额的金额。

14. 账面价值

账面价值是指某会计科目的账面余额减去相关的备抵项目后的净额。

通解：账面价值是按照会计核算的原理和方法反映学会财务价值的计量数据，能够体现出在某一时点上单位具有的有效价值量。学会的净资产账面价值是资产负债表上体现学会全部资产账面价值与其全部负债之间的差额，与单位净值和所有者权益的含义相同。

分析：固定资产账面价值即固定资产净额，是用固定资产原价扣除计提的减值准备和计提的累计折旧后的余额。固定资产账面价值能够反映出在会计核算期期末该固定资产的理论市场价值，但该核算结果可能与资产的实际交易金额存在差异。

15. 应收款项

应收款项是指民间非营利组织在日常业务活动过程中发生的各项应收未收债权，包括应收票据、应收账款和其他应收款等。

通解：应收账款是按照规定或约定，拥有的在将来获取现金、商品、服务或劳动的权利。应收账款是学会在日常运营过程中依法拥有的各种债权，是学会流动资产的重要组成部分。简单地说，就是全国学会在与其他单位发生商品、服务交换后，对方单位应当支付但尚未支付的款项。

分析：应收账款的确认通常与收入的确认密切相关，确认应收账款的时间也通常与确认收入的时间相一致。也就是说，在商品发生所有权转移或服务已经提供时，应当按照权责发生制原则确认收入，对未收取的对价款项确认为应收账款。

16. 应收票据

应收票据是由付款人或收款人签发、由付款人承兑、到期无条件付款的一种书面凭证。应收票据按承兑人不同分为商业承兑汇票和银行承兑汇票，按其是否附息分为附息商业汇票和不附息商业汇票。

通解：应收票据中的“票据”就是以支付货币为目的且可以流通转让的债权凭证。也可以说，汇票是一方向另一方签发的书面无条件支付命令，要求接受方即期或定期或在可以确定的未来时间阶段，向不特定人或指定人或持票人支付一定货币。汇票是为了方便交易而采用的非现金结算凭证，是由出票人签发，委托付款人在见到票证时或在指定日期无条件支付确定金额给收款人或者持票人的票据。汇票通常涉及三方当事人：出票人、付款人和收款人。

分析：应收票据的到期日可以按照不同的约定方式来确定。如约定按日计算，则应以“足日”为准，按“算尾不算头”的方式确定。如约定按月计算，则以足月为标准，按对日确定；若到期月份无此对日，应按到期月份的最后日确定。

17. 应收账款

应收账款是指在民间非营利组织日常运营过程中，因提供咨询等服务业务，应向购买或委托单位收取的款项，包括应由委托单位或购买服务单位负担的税金、代购买方垫付的各种运杂费等。

通解：应收账款能够表达出学会在开展业务过程中，被购买或委托服务单位占用资金的数额。学会应当及时收回应收账款，以保持流动资金的充裕性；对预计可能产生的坏账损失的应收账款，应计提坏账准备；对于确实无法收回的应收账款，如果符合坏账条件的，应在确认后做坏账损失处理。

分析：应收账款的产生通常是由于竞争性赊销或收款时间差两种原因，但不包括应收内部借款、应收债务人利息、长期债权和投标保证金等。学会应收账款居高不下的成因主要包括以下几点：（1）盲目拓展业务，过多赊销；（2）业务和财务制度不健全，信用评估不到位；（3）合同条款约定和执行过程存在疏漏；（4）应收账款日常管理不力，账款管理不及时；（5）商业信用管理缺乏方法。学会应当通过建立信用管理、客户管理、账款监控等制度来进行积极改善。

18. 应收股利

应收股利是指民间非营利组织因为进行对外股权投资而发生的应收取的现金股利及应收其他单位的利润。应收股利包括学会购入股票实际支付的款项中所包括的已宣告发放但尚未领取的现金股利和因对外投资应分得的现金股利或利润等，但不包括应收的股票股利。

通解：应收股利是学会因对外进行股权投资，而产生的应收但未收的合法收益，即学会取得其他单位股东或长期债权人身份而应当获得的财产权益，通常要依据约定执行。

分析： 通常，在确定对外投资应收股利时，财务人员应当重点关注以下几点：（1）股东会决议是否合法、明确和完整；（2）股权投资协议中关于分配比例和方式是否有特殊约定；（3）持股公司的完税证明；（4）入账时间的准确性。但鉴于学会资金充裕度不高，因此不建议学会以购买股票的方式实现资产的保值增值。

19. 应收利息

应收利息是指民间非营利组织短期债券投资实际支付的价款中，包含的已到付息期但尚未领取的债券利息和分期付息到期还本的债券在持有期间产生的利息。购入短期债券投资时含有的应收利息不计入投资初始投资成本中。

通解： 应收利息是全国学会进行短期债券投资产生的孳息收入，主要包括两种情形：一是购入的分期付息到期还本的债券后，在会计结算日按规定所计提的应收利息；二是购入债券时实际支付款项中所包含的已到期而尚未领取的债券利息。

分析： 学会取得短期债券投资，按支付的价款扣除所包含的、已到付息期但尚未领取的利息借记“短期投资”科目，按实际支付的金额贷记“银行存款”“存放中央银行款项”“结算备付金”等科目，差额计入“应收利息”科目。

20. 其他应收款

其他应收款是指民间非营利组织除应收票据、应收账款、预付账款、应收股利、应收利息、应收分保合同准备金、长期应收款等以外的其他各种应收及暂付款项，主要包括应收的各种赔款、罚款、零星备用金，如学会财产遭受意外损失而向有关保险公司收取的赔款等。

通解：其他应收款是指全国学会应得但未得的业务活动以外的待结算款项，主要包括：（1）应收的各种赔款、违约罚款；（2）应收出租包装物租金；（3）应向职工收取的各种垫付款项；（4）存出保证金；（5）其他各种应收、暂付款项；（6）备用金；（7）预付账款转入。

分析：在其他应收账款监督管理过程中，须重点关注以下几个方面：（1）其他应收款是否存在；（2）是否应归被审计单位所有；（3）增减变动记录是否完整；（4）是否可能收回；（5）余额是否正确；（6）会计报表披露是否恰当。

21. 预付账款

预付账款是指民间非营利组织预付给商品供应单位或者服务提供单位的款项。

通解：预付账款是全国学会作为“甲方”在对外采购商品、货物、服务过程中，按照书面合同或口头协议约定，预先用货币支付给供货单位“乙方”的款项。对于学会来讲，预付账款是流动资产，是因对方单位未交付货物或未提供服务而产生的一项债权，通常包括预付货款或定金。

分析：预付账款是学会预付给该公司的款项，是其债权的组成部分。作为流动资产的一种，预付账款的目的不是对外提供借款获息，而是为了能够在合同约定期限获得某种数量的商品、劳务或服务。容易出现的问题是，学会获取入库手续不健全造成会计处理不及时，进而导致资产和负债“双虚增”；学会应根据实际供货入库情况，及时进行预付账款账面余额的冲销处理。

22. 短期投资

短期投资是指民间非营利组织能够随时变现并且持有时间不准备超过一年（含一年）的投资，包括股票、债券投资等。

通解：短期投资是指学会在资金富余时，购入的能随时变现、持有时间不超过一年的各种有价证券，以及不超过一年的其他投资。有价证券包括各种股票和政府及企业发行的各种债券（国库券、国家重点建设债券、地方政府债券和企业融资债券等）；其他投资是学会向其他单位投出的但能够随时收回的货币资金或可随时变现的资产价值等；短期投资也可以包括购买的理财性质的金融产品。

分析：认定为短期投资需要同时具备以下特征：（1）可随时上市流通；（2）购入方式为短期持有，并有意在一个会计年度内将其变现；（3）不存在法律或约定的限制或控制。例如，基金产品为封闭式理财产品，在封闭期限内不可转让投资，故不能被认定为短期投资。以现金购入的短期投资应按实际支付的全部价款，包括税金、手续费等相关费用作为短期投资成本，但不包含支付的已宣告但尚未领取的现金股利或已到付息期但尚未领取的债券利息。

23. 长期投资

长期投资是指民间非营利组织除短期投资以外的投资，包括长期股权投资和长期债权投资等。

通解：长期投资是指不满足短期投资认定条件的其他投资事项，即学会长期持有且不准备在一个会计年度内转为现金的投资。长期投资与短期投资的主要区别除了投资持有期限存在差异外，更重要的区别是投资目的不同。学会取得长期投资的目的在于持有而不在于出售。长期投资按照性质分为长期股权投资、长期债权投资和其他长期投资。长期投资以现金取得的，按取得时的计价成本，包括买价、佣金和税费等；以非现金交易取得时，按照交易或取得资产的公允市场价值计价。

分析：按照相关规定，对于有明确到期日的长期债权投资，即使剩余期限短于一年，也不得将其转为短期投资进行核算，但需要在编制资产负债表时在“一年内到期的长期债权投资”项目下单独列示。此外，对于因接受股权捐赠形成的表决权、分红权与股权比例不一致的长期股权投资，民间非营利组织应当根据《民间非营利组织会计制度》第二十七条的规定，并结合经济业务实质判断是否对被投资单位具有控制、共同控制或重大影响关系。具有控制权的，应当采用权益法进行核算，并在会计报表附注中披露投资净损益和被投资单位财务状况、经营成果等信息。

24. 存货

存货是指民间非营利组织在日常业务活动过程中持有以备出售或捐赠的，或者为了出售或捐赠仍处在生产过程中的，或者将在生产、提供服务或日常管理过程中耗用的材料、物资、商品等。

通解：存货除作为有形资产外，还具备较强的流动性、时效性和潜在损失性。学会的存货通常包括三种状态：（1）处于待售、待捐状态下的产品；（2）处于加工过程中的在产品、半成品和委托加工物资；（3）为保障业务、服务、管理运行而储备的原材料、包装物和低值易耗品等。按照存货的存放地点可分为库存存货、在途存货、加工中存货。

分析：学会在盘点学术期刊存货时，应注意其对应账面金额不应当出现负数。如果出现此种状况，要么是会计核算“技术失误”，要么“可能存在舞弊”。学会监督管理人员应结合“存货计价测试”，查明期刊存货的实际成本及其核算方式的准确性，根据测试结果进行会计差错的更正，并应对会计报表相关项目数额进行调整。学会在日常运营中，应当对存货进行定期清查盘点和不定期抽查工作，每年至少盘点检查一次，及时掌握存货是否发生减值情况，并做好相应的登记和入账。

25. 待摊费用

待摊费用是指民间非营利组织已经支出，但应当由本期和以后各期分别负担的、分摊期在一年以内（含一年）的各项费用，如预付保险费、预付租金等。但需要注意的是，待摊费用属于资产性质。

通解：民间非营利组织的待摊费用是指已经支出，但应由本期及一年内其他各期共同分别负担的各项费用，如一次支出数额较大的保险费、广告费、固定资产经常修理费、预付租入固定资产的租金等，也就是不能全额一次性确认为当期业务成本、期间费用的且支出金额较大的费用。

分析：在有净收益绩效考核要求的民间非营利组织中，当该单位运营状况不理想时，经常会通过将以前年度已确认的费用退回的方式以达到转移费用、增加当期结余的目的。在待摊费用审查过程中主要关注以下几点：（1）范围合规性以确认有无扩大待摊费用的行为；（2）审查借方发生额以确认是否符合“预付”的规定；（3）审查分摊的期限，是否与受益期限对应；（4）审查期末余额是否存在“超规”项目。

26. 负债

负债是指民间非营利组织过去的交易或者事项形成的现时义务，履行该义务预期会导致含有经济利益或者服务潜力的资源流出学会。负债应当按其流动性分为流动负债、长期负债和受托代理负债等。

通解：负债可以说是学会依据法律法规或合同约定，所须承担的应付义务，这种义务的履行将会导致现金、资产等财产权益流出全国学会。确认一项负债，除符合负债定义外，还应当同时满足两个条件：（1）与该现时义务有关的财产权益很可能流出；（2）未来流出的财产权益的价值金额能够可靠地计量。

分析：在中期审计或内部稽核过程中，审查人员应按照协议正式生效期判断识别负债的形成。因未来发生的交易或事项形成的应付义务，不属于现时义务，不应当确认为负债。例如，分期付款的第一期采购款由于属于未来将要发生的交易，则不属于负债。只有同时符合负债定义和负债确认条件的项目，才应当列入资产负债表中负债项目。

27. 或有事项

或有事项是指民间非营利组织过去的交易或者事项形成的一种状况，其结果须通过未来不确定事项的发生或不发生予以证实。

通解：“或有”代表着可能“有”，也可能意味着“没有”，表示事项达成条件的因素和结果尚不能完全确定。具体来讲，一是或有事项是否发生具有不确定性；二是或有事项确定发生，但其具体发生的时间或交易金额具有不确定性。

分析：学会成为某一经济纠纷的被告方，在年终时案件尚未最终宣判而学会又需要编制财务报表。此时，如果学会在此经济纠纷案件中败诉并需要支付赔款的概率畸高，很可能导致学会履行担保义务，则就应当认定预计负债。

28. 流动负债

流动负债是指民间非营利组织将在一年内（含一年）偿还的负债，包括短期借款、应付款项、应付工资、应交税金、预收账款、预提费用和预计负债等。

通解：流动负债与流动资产相结合，通常能够反映出学会的短期偿债能力。流动负债可以进行如下分类：（1）因业务活动形成的流动负债，如应付账款、应付票据、预收账款、应付工资、应付福利费、应交税金等；（2）因定期需要向投资方进行收益分配形成的流动负债，如应付利润等；（3）因经营管理需要合理估计的负债，如预提费用等；（4）根据未来情况方能确认的或有负债，如未决诉讼等。

分析：流动负债应当能够在一年内予以偿付，但在执行过程中发生延期关联情况，导致偿付期限超过一年，此时原则上应将该项债务转为长期负债。

29. 短期借款

短期借款是指民间非营利组织向银行或其他金融机构等借入的期限在一年以下（含一年）的各种借款。

通解：短期借款是全国学会为维持正常的生产运营、满足短期资金使用需求而向银行或其他金融机构借入的还款期限在一年以下（含一年）的各种借款。短期借款主要包括经营周转借款、临时借款、结算借款、票据贴现借款等类型。

分析：短期借款审查通常关注以下几个方面：（1）确定短期借款期末余额的真实性；（2）审查短期借款偿还的真实性、及时性和合规性；（3）审查短期借款入账的完整性；（4）验证利息计算及账务处理的准确性。

30. 应付款项

应付款项是指民间非营利组织在日常业务活动过程中发生的各项应付票据、应付账款和其他应付款等应付未付款项。

通解：应付款项主要针对全国学会在开展业务活动和日常管理过程中，因采购物料、接受服务、临时垫款、暂收款等原因产生的应当支付但尚未支付的各种款项，如待支付的咨询服务费、会议费、会展费、物资采购款、活动押金、工作人员临时费用垫款等。

分析：应付款项一直以来是审计和监察的重点。应付款项审查主要是对各种应付未付或暂收款项的真实性、合法性进行的审计，主要目的是纠正结算业务中的错弊，防范不法行为，维护结算纪律，及时结清债务。重点审查应付手续费、应付及暂收款和其他应付款项等内容的真实性。

31. 应付票据

应付票据，是指民间非营利组织在商品购销活动和对工程价款进行结算时，因采用商业汇票结算方式而发生的，由出票人出票，委托付款人在指定日期无条件支付确定的金额给收款人或者票据的持票人，它包括商业承兑汇票和银行承兑汇票。

通解：票据是指出票人依法签发的，由自己或指示他人无条件支付一定金额给收款人或持票人的有价证券，即某些可以代替现金流通的有价证券。应付票据简单地说就是采购人通过商业汇票方式进行货款结算时产生的支付义务。票据具有法律约束力。当供应商对采购单位的资信不太了解或交易的金额较大时，可要求采购单位出具商业票据从而降低应收款项的收账风险。

分析：审查应付票据时，通常重点关注以下几个方面：（1）核实应付票据的实有数，并与备查簿、票据凭证进行核对；（2）审查应付票据的原始凭证及合同；（3）检查应付票据标的是否属于正常业务需要；（4）审查是否有到期而未支付的现象；（5）如是带息票据则审查利息计算是否正确。

32. 应付账款

应付账款通常是指民间非营利组织因购买材料商品或接受服务等而发生的债务。应付账款是交易双方在购销活动中由于取得货物、获得服务与支付结算款在时间上不一致而产生的负债。

通解：应付账款的内涵与应收账款相对应。通常是学会开展业务活动过程中，按照采购或服务合同约定，已经满足付款条件即将支付而尚未支付的款项。某种程度上，应付账款反映了学会短期占用其他组织资金的情况。学会需要关注应付账款的期限，及时完成款项结算，应在不影响单位赊购信用的前提下合理使用应付账款形成的短期融资量。

分析：应付账款是舞弊营私的重灾区。通常情况下，可能通过如下方法谋取不当利益：（1）应付账款长期挂账；（2）虚列应付账款调节成本费用；（3）利用应付账款隐匿收入；（4）恶意增大应付账款套现私分；（5）利用应付账款建小金库；（6）故意推迟付款私分罚款；（7）隐瞒退货寻机转出；（8）应付缓冲假公济私。

33. 其他应付款

其他应付款是指与民间非营利组织主营业务没有直接关系的应付、暂收其他单位或个人的款项。

通解：换一种角度，其他应付款是指学会除应付票据、应付账款、应付工资、应付利润等经营业务资金占用以外的应付、暂收其他单位或个人的款项。如应付租入固定资产和包装物的租金、存入保证金、应付统筹退休金、职工未按期领取的工资等。

分析：其他应付款审查通常关注以下几个方面：（1）应付对象是否确实、数额是否正确；（2）业务内容是否真实、合理；（3）审批程序是否恰当；（4）会计核算是否正确；（5）是否及时清理归还。

34. 应付工资

应付工资是指民间非营利组织应付未付的员工工资。

通解：应付工资是学会对单位员工个人的一种负债，应根据按劳取酬的原则，按照劳动合同和薪资管理制度的约定，对当期（本月）员工付出的知识、技能、时间、精力及取得成果给予的报酬和奖励，并承担单位负担的社会保险及住房公积金。在学会支付给员工工资、社保以后，本项负债随即减少。

分析：根据《民间非营利组织单位会计制度》规定，该科目除核算工资、福利费外，还包括工会经费、职工教育经费、社会保险、住房公积金等与员工个人报酬有关的应付未付款项。应付工资审查重点关注事项包括：（1）确定职工薪酬的真实性和完整性；（2）职工薪资是否为现时义务；（3）财务报表是否恰当列报。

35. 应交税金

应交税金是指民间非营利组织根据税法规定，应交未交的各种税费。

通解：学会在一定周期内，取得业务收入并实现结余，应按照权责发生制的原则，将税法规定的应当向税务机关缴纳的各种税金进行预提处理。这些应交税金在尚未缴纳之前仍停留在学会的账户上，处于“应交未交”的状态，属于负债的一种。

分析：如发现学会没有按照税法规定计算缴纳有关税费，应予以调整补缴。按照相关规定，学会通常会涉及个人所得税、增值税、城市维护建设税、教育费附加、房产税、企业所得税的征缴。

36. 预收账款

预收账款是指民间非营利组织向服务和商品购买单位预先收取的各种款项。

通解：预收账款通俗地讲就是“先收款后发货、先收款再服务”，是降低交易风险和缓解供方资金压力的财务手段。通常包括预收全款再发货服务、预收部分款项再发货服务及分阶段收款再发货服务等情况。具体采用何种收款方式，取决于交易双方的信任程度和标的物的紧俏程度。预收账款同样以合同为依据，在实际交付商品、产品或提供服务时进行冲减。预收账款的期限一般不超过一年，通常作为流动负债体现在资产负债表中。

分析： 预收账款是对交易相对方的资金占用，虽然体现在学会账户上，但只有在相应交易标的完成时，对应预付款项才能转为收入，完全归学会所有。预收账款审查重点关注：（1）确定发生及偿还记录是否完整；（2）期末余额是否正确；（3）会计处理和信息披露是否恰当。

37. 预提费用

预提费用是指民间非营利组织预先提取的已经发生但尚未支付的费用，如预提的租金、保险费、借款利息等。

通解： 预提费用是按照合同约定，不具体与某项业务对应，但确定在未来一次性或分期支出的各项费用，需要在成本费用中预先列支，付款期限在一年以内的流动负债。预提费用的特点是按照受益原则计提，预提在先，支付在后，用以反映某一时点学会因消耗受益应付而未支付的负债金额。

分析： 费用预提和实付之间存在时间差，存在人为调节费用和利润的可能。预提费用的审查重点关注：（1）相关项目的内容是否符合规定；（2）预提方法和标准是否前后一致；（3）有无应提不提或不应提而提的人为调节行为；（4）审批程序是否严格；（5）确定预提费用账户中数额较大或长期没有变动的预提费用事项的原因。

38. 长期负债

长期负债是指偿还期限在一年以上（不含一年）的负债，包括长期借款、长期应付款和其他长期负债。

通解： 长期负债与流动负债相比，具有金额大、偿还期限长的特点。对于债权人而言，提供长期借贷资金风险双重叠加。因此，债务人一方面长期负债的成本是较高的；另一方面通常还需要提供其他形式的偿还保证。

分析： 长期负债是负债的重要组成部分，同样是审查的重点领域，特别是借款利息的账务处理。如果没有按期计提长期借款利息，无论主观意愿如何，都导致高估资产、虚增利润。特别提示，根据《民间非营利组织会计制度》第三十五条规定，为购建固定资产而发生的专门借款的借款费用在规定的允许资本化的期间内，应当按照专门借款的借款费用的实际发生额予以资本化，计入在建工程成本。当所购建的固定资产达到预定可使用状态时，应当停止借款费用的资本化，之后所发生的借款费用应当于发生时计入当期费用。

39. 长期借款

长期借款是指民间非营利组织向银行或其他金融机构等借入的期限在一年以上（不含一年）的各种借款。

通解： 长期借款是学会从专业银行、商业银行取得的贷款或向财务公司、投资公司等金融企业借入的款项。长期借款具有融通弹性大、财务杠杆高、易保密等优点，但同时也具有申请条件高、财务风险大、使用限制多的缺点。长期借款可以按照有无担保、借款币种、偿款方式、用途进行分类。

分析： 按照相关会计准则和制度的规定，长期借款利息应当按期预提核算。长期借款是长期负债项目中的重点审查内容，主要审查内容包括：（1）借入、偿还、计息记录是否准确和完整；（2）年末余额是否正确；（3）抵押、担保状况；（4）长期借款合同履行状况；（5）账务处理是否恰当。

40. 长期应付款

长期应付款主要是指民间非营利组织融资租入固定资产发生的应付租赁款。

通解：根据《民间非营利组织会计制度》第五十三条规定，长期应付款是在较长时间内应付的款项，主要是指学会融资租入固定资产而产生的长期应付租赁费用。融资租入固定资产本质上是一种分期付款购入固定资产的方式，使用资产的单位不需要预先支付或只需要分期支付货币资金就可以取得所需固定资产。该种方式对于生产（研究）型“重资产”单位比较有利。在尚未完全支付租赁费用前，租入单位应当根据融资租赁协议在取得租入资产时确认固定资产和一项长期应付款。

分析：根据《民间非营利组织会计制度》规定，融资租入的固定资产，按照租赁协议或者合同确定的价款、运输费、途中保险费、安装调试费以及融资租入固定资产达到预定可使用状态前发生的借款费用等确定其成本，按照租赁协议或者合同确定长期应付款。此外，学会由于财务人员的变动，经常会出现在融资租赁付款期满后继续付款的情形，承租单位将多余的款项从出租方提出，存入部门“小金库”或私分。长期应付款审查重点关注：（1）记录真实性；（2）记录完整性；（3）是否为现时义务；（4）相关计价调整是否恰当记录；（5）是否在财务报表中恰当列报。

41. 受托代理负债

受托代理负债是指民间非营利组织因从事受托代理业务、接受受托代理资产而产生的负债。受托代理负债应当按照相对应的受托代理资产的金额予以确认和计量。

通解：受托代理负债与受托代理资产对应同时使用，形成配比关系。受托学会对受托代理资产不拥有所有权，资产取得方式为承担偿付义务，故使用受托代理负债核算单位因接受受托代理资产而形成的负债。

分析：根据《民间非营利组织会计制度》规定，收到受托代理资产时，应当按照双方确认的受托代理资产价值或市场价值借记“受托代理资产”科目，贷记“受托代理负债”科目；转赠或者转出受托代理资产时，按照转出受托代理资产的账面余额，借记“受托代理负债”科目，贷记“受托代理资产”科目。

42. 净资产

民间非营利组织的净资产是指资产减去负债后的余额。净资产应当按照其是否受到限制，分为限定性净资产和非限定性净资产等。

通解：净资产体现了学会以全部资产扣除负债总额后的剩余数额，一般应大于学会注册时的初始出资额。净资产主要由两部分组成，一部分是出资人的出资额；另外一部分是在业务服务中创造的、接受捐赠取得的以及承接政府购买项目的运营结余。

分析：核算单位为虚增结余，从保持会计等式平衡角度看，只能虚增资产或者虚减负债。相对而言，虚增资产的难度远小于虚减负债。因为所有支出费用的增加和债务的清偿主要都会导致现金的减少，都会体现在现金流量表中，不便于人为调整。净资产审查通常与资产评估同时进行，净资产评估是对核算单位可自由支配资产的审查与核实。

43. 限定性净资产

如果资产或者资产所产生的经济利益（如资产的投资收益和利息等）的使用受到资产提供者或者国家有关法律行政法规所设置的时间限制或（和）用途限制，则由此形成的净资产即为限定性净资产；国家有关法律、行政法规对净资产的使用直接设置限制的，该受限制的净资产亦为限定性净资产。

通解：依据资产提供者的要求或者国家有关法律、行政法规的规定，资产及其收益的使用权受到时间、用途的限制。其中，时间限制意味着资产只能在特定时间内或特定日期后方可使用；用途限制意味着资产的用途特定，只能用于特定目的。

分析：《民间非营利组织会计制度》第五十六条规定的限定性净资产中所称的“限制”，是指由民间非营利组织之外的资产提供者或者国家有关法律、行政法规所设置的。该限制只有在比民间非营利组织的宗旨、目的或章程等关于资产使用的要求更为具体明确时，才能属于受到“限制”。关于限定性净资产还应当注意：（1）一般不会产生负债；（2）只有在捐赠人或国家有关法律、行政法规中指定才能发生；（3）限定用途的净资产并不是指某一特定资产。

44. 非限定性净资产

除限定性净资产以外的其他净资产，即为非限定性净资产。

通解：非限定性净资产是相对于限定性净资产而言的。非限定性净资产主要来源于学会提供服务、销售商品、完成政府购买项目、收取会费以及收到的非限定性捐赠和进行对外投资收到的股利或利息。一般等于上述收入扣除相应发生的业务活动成本及期间费用而产生的剩余额。当然，这种非限定性专指资金支付及资产提供方未对使用的时间、用途作出特别限制，但其使用仍需受到资产所有单位相关法规、制度的具体约束。

分析：根据《民间非营利组织会计制度》规定，学会应在会计期末，将各类属于非限定性的收入费用明细科目余额转入“非限定性净资产”科目。非限定性净资产科目属于净资产类科目，其贷方登记非限定性净资产增加数；借方登记非限定性净资产减少数；期末贷方余额反映历年积存的非限定性净资产。

此外，民间非营利组织应当根据《民间非营利组织会计制度》第五十七条的规定，区分以下限制解除的不同情况，确定将限定性净资产转为非限定性净资产的金额：（1）对于因资产提供者或者国家有关法律、行政法规要求在收到资产后的特定时期之内使用该项资产而形成的限定性净资产，应当在相应期间之内按照实际使用的相关资产金额转为非限定性净资产。（2）对于因资产提供者或者国家有关法律、行政法规要求在收到资产后的特定日期之后使用该项资产而形成的限定性净资产，应当在该特定日期全额转为非限定性净资产。（3）对于因资产提供者或者国家有关法律、行政法规设置用途限制而形成的限定性净资产，应当在使用时按照实际用于规定用途的相关资产金额转为非限定性净资产。其中，对固定资产、无形资产仅设置用途限制的，应当自取得该资产开始，按照计提折旧或计提摊销的金额，分期将相关限定性净资产转为非限定性净资产。在处置固定资产、无形资产时，应当将尚未重分类的相关限定性净资产全额转为非限定性净资产。（4）如果资产提供者或者国家有关法律、行政法规要求民间非营利组织在特定时期之内或特定日期之后将限定性净资产用于特定用途，应当在相应期间之内或相应日期之后按照实际用于规定用途的相关资产金额转为非限定性净资产。其中，要求在收到固定资产、无形资产后的某个特定时期之内将该项资产用于特定用途的，应当在该规定时期内，对相关限定性净资产金额按期平均分摊，转为非限定性净资产。要求在收到固定资产、无形资产后的某个特定日期之后将该项资产用于特定用途的，应当在特定日期之后，自资产用于规定用途开始，在资产预计剩余使用年限内，对相关限定性净资产金额按期平均分摊，转为非限定性净资产。与限定性净资产相关的固定资产、无形资产，应当按照《民间非营利组织会计制度》规定计提折旧或计提摊销。（5）对于资产提供者或者国家有关法律、行政法规撤销对限定性净资产所设置限制的，应当在撤销时全额转为非限定性净资产。

45. 收入

收入是指民间非营利组织开展业务活动取得的、导致本期净资产增加的经济利益或者服务潜力的流入，收入应当按照其来源分为捐赠收入、会费收入、提供服务收入、政府补助收入、投资收益、商品销售收入等主要业务活动收入和其他收入等。

通解：通俗地讲，收入是在日常业务活动开展过程中，与开办资金无关的财产权益（经济利益）的总流入，将导致净资产的增加。按照业务类型可分为销售商品收入、提供劳务收入、投资收益等，还有独属于民间非营利组织的捐赠收入、会费收入。收入不包括为第三方代收的款项。

分析：对净资产指标越关注的单位，其发生虚构收入的可能越大。虚构收入的经常做法有：（1）关联交易第三方购回；（2）白条出库销售入账；（3）采取对开发票方式确认收入；（4）虚开发票确认收入等。因此，收入审查关注的重点有：（1）收入发生的时点；（2）收入金额的计量；（3）与业务活动发生相关的内部控制制度执行情况；（4）款项结算制度；（5）账票的一致性；（6）会计政策和会计估计口径及方法的前后一致性等。此外，按照《民间非营利组织会计制度》第五十九条的规定，民间非营利组织承接政府购买服务属于交换交易，取得的相关收入应当计入“提供服务收入”会计科目。

46. 捐赠收入

捐赠收入是指民间非营利组织接受其他单位或者个人捐赠所取得的收入。

通解：“捐赠”某种程度上相当于“赠予”。也就是不用通过对价交易，只是根据捐赠方的意愿而产生的交易。捐赠人必须对其所捐赠的财产具有合法的处分权。在捐赠事项中，捐赠人可以无条件捐赠，也可以指定日期或用途进行附条件捐赠。通常捐赠人与受赠人就捐赠财产的种类、质量、数量和用途等内容达成一致意见，并应签订书面捐赠协议。

分析：按照相关规定，非营利性组织接受捐赠产生的收入为增值税免税收入。受赠组织应向捐赠单位开具公益事业捐赠票据。学会应该向同级财政部门申领公益事业捐赠票据。捐赠收入应计入“捐赠收入”会计科目，需要并入组织当期结余申报缴纳企业所得税，符合条件的非营利组织取得的捐赠收入可以免征企业所得税。捐赠收入审查主要关注接收、分配、使用和管理捐赠资金的真实性、合法性和效能性。

47. 会费收入

会费收入是指民间非营利组织根据章程等相关文件规定向会员收取的会费。学会会费标准的制定或修改须经会员大会（会员代表大会）讨论，其决议须经到会会员（或会员代表）半数以上表决通过方能生效。不得采用除会员大会（会员代表大会）以外任何其他形式制定或修改会费标准。

通解：会费是学会的重要收入来源之一，其收取标准要符合相关行政法规、内部管理要求和章程相关规定。会费收入通常为非限定性收入，除非章程或其他决议有明确的规定。会费收入通常也属于非交换交易收入。当然，会费的交纳收取情况，一般与会员资格、会员的权利义务及其接受的服务相关联。收取会费的学会有责任和义务定期向全体会员公布会费的收取及使用情况。

分析：学会应设置“会费收入”科目，并且应当在“会费收入”科目下设置“非限定性收入”明细科目，如果存在限定性会费收入，还应当设置“限定性收入”明细科目。同时，还应当按照会费种类（如团体会费、个人会费等），在“非限定性收入”或“限定性收入”科目下设置明细科目，进行明细核算。“会费收入”科目的贷方反映当期会费收入的实际发生额。在会计期末，应当将该科目中“非限定性收入”明细科目当期贷方发生额转入“非限定性净资产”科目，将该科目中“限定性收入”明细科目当期贷方发生额转入“限定性净资产”科目；期末结转后该科目应无余额。

48. 政府补助收入

政府补助收入是指民间非营利组织接受政府拨款或者政府机构给予的补助而取得的收入。

通解：政府补助收入应根据是否存在使用限制分为限定性收入和非限定性收入，其同样属于非交换交易收入。因此，政府补助收入与捐赠收入的会计处理基本一致。政府补助收入与政府购买服务收入有本质区别。政府购买服务意味着要么需要承接单位提供研究成果，要么需要承接单位提供服务。为此，政府购买服务收入应属于等价交换的提供服务收入，不属于政府补助收入。

分析：根据相关规定，学会接受的政府补助，按照应确认的金额，借记“现金”“银行存款”“应收账款”等科目，贷记“政府补助收入——非限定性收入”科目或者“政府补助收入——限定性收入”科目。如果限定性政府补助收入的限制条件得以解除，则应当将其转为非限定性政府补助收入。

49. 提供服务收入

提供服务收入是指民间非营利组织根据章程等的规定向其服务对象提供服务取得的收入，包括会议收入、培训收入和咨询收入等。

通解：提供服务收入是学会根据登记业务范围和章程，对外提供有偿服务而产生的收入。其中，咨询收入是基于专业技术服务咨询的收入；对于多数学会而言，举办会议和开展培训是主要的提供服务收入来源。学会是否“活跃”、运营能力是否强也可以从提供服务收入的占比、分布、类型来分析。

分析： 对外提供技术服务的学会，提前确认收入的情况比较普遍，通常存在以下几种情况：（1）在仍存在重大不确定因素时就确定收入；（2）不适当运用完工百分比法提前确认收入；（3）在服务需要未来提供时提前确认收入；（4）提前开具发票确认收入。

50. 商品销售收入

商品销售收入是指民间非营利组织销售商品（如出版物等）所形成的收入。

通解： 商品销售收入是以学会购入或自制的商品产品、自制半成品的所有权转移为标志的交易交换收入，也是组织正常开展业务活动产生的一项收入。销售收入在实现产品商品市场价值的同时，更主要是能够补偿运营资金的耗用，保证再生产运营的不断进行。销售收入的金额取决于销售商品产品的数量和价格，能够反映学会的生产经营状况。

分析： 商品销售只有在同时满足以下条件时方能确定收入。（1）已将商品所有权上的主要风险和报酬转移给购货方；（2）既没有保留通常与所有权相联系的继续管理权，也没有对已售出的商品实施控制；（3）与交易相关的经济利益能够流入民间非营利组织；（4）相关的收入和成本能够可靠地计量。

51. 投资收益

投资收益是指民间非营利组织因对外投资取得的投资净损益。

通解： 投资收益是指学会对外投资所取得的股利收入、债券利息收入以及与其他单位联营所分得的收入减去投资费用、损失后的净额，可能为正也可能为负。投资收益在税收上是作为企业所得税的应税项目，学会应依法计征企业所得税。对于企业从被投资企业取得的符合条件的股息、红利等权益性投资收益、持有国债和地方政府债券取得的利息收入等可以按照税收有关规定作为免税收入。

分析：投资即有风险，因此投资收益包括收入和损失两个方面。账务处理过程中，无论是投资收入或投资损失，都应将投资活动的结果纳入“投资收益”科目中进行核算。根据投资的不同类型和相关准则规定，要特别注意投资收益入账的及时性。只有与投资收入确认时间相联系，才能更加准确地确认投资收益的具体数额，进而正确地进行账务处理。

52. 其他收入

其他收入是指民间非营利组织除上述主要业务活动收入以外的其他收入，如固定资产处置净收入、无形资产处置净收入等。

通解：其他收入是学会取得的除捐赠收入、会费收入、提供服务收入、政府补助收入、商品销售收入、投资收益之外的收入。除资产处置净收入和无形资产处置净收入外，还应当包括偶发性的收入，如确实无法偿付的应付款项、已作坏账损失处理后又收回的应收款项、违约金收入、废品处置净收入等。

分析：按照相关规定，对于学会接受的劳务捐赠，不予确认，但应当在会计报表附注中作相关披露。在审查过程中，其他收入应重点关注：（1）是否将主要业务收入纳入其他收入；（2）资产处置的账面原值、已计提的折旧、已计提的减值准备、处置费用和缴纳税金是否如数入账；（3）资产的非常损失是否计入；（4）资产处置净收入核算是否准确。此外，民间非营利组织取得的存款利息，属于《民间非营利组织会计制度》第三十五条规定的“为购建固定资产而发生的专门借款”

产生且在“允许资本化的期间内”的应当冲减在建工程成本，除此以外的存款利息应当计入其他收入。

53. 费用

费用是指民间非营利组织为开展业务活动所发生的、导致本期净资产减少的经济利益或者服务潜力的流出。学会的费用应当按照其功能分为业务活动成本、管理费用、筹资费用和其他费用等。

通解：费用是学会开展业务活动（主要业务和其他业务）过程中直接或间接的耗费。既包括提供服务、销售产品、筹资募款等活动过程中发生的直接材料、人工、耗用品等费用，又包括按照权责发生制原则分摊计入当期的行政管理办公费用和银行手续、利息费用等。费用的发生会导致学会净资产减少。在会计核算中，所发生的费用应当与其相关的收入进行配比，同一会计期间内的各项收入和与其相关的费用应当在同一会计期间内确认。

分析：多列支成本、费用是民间非营利组织财务处理的问题“重灾区”。费用的确认至少应同时满足三个条件：（1）与费用相关的财产权益或经济利益很可能流出；（2）会导致资产的减少或负债的增加；（3）流出的价值能够可靠计量。按照用途费用可分为两部分：一是业务活动成本，包括直接材料、直接人工、间接业务活动费用等；二是期间费用，包括管理费用、筹资费用和其他费用等。与之相对应，费用审查包括直接成本费用审计、间接成本费用审计、期间费用审计，主要查明有关费用计算的真实性、确切性和时间归属期的适当性。需要注意的是，民间非营利组织按规定出资设立其他民间非营利组织，不属于《民间非营利组织会计制度》规定的长期股权投资，应当计入当期费用。设立与实现本组织业务活动目标相关的民间非营利组织的，相关出资金额计入“业务活动成本”科目；设立与实现本组织业务活动目标不相关的民间非营利组织的，相关出资金额计入“其他费用”科目。民间非营利组织出资设立其他民间非营利组织并将出资金额计入长期股权投资的，应当《〈民间非营利组织会计制度〉若干问题的解释》施行之日，将原“长期股权投资”科目的该项业务余额转入“非限定性净资产”科目（以前年度出资）或“业务活动成本”“其他费用”科目（本年度出资）。

54. 财务报告

财务会计报告是反映民间非营利组织财务状况、业务活动情况和现金流量等的书面报告。财务会计报告分为年度财务会计报告和中期财务会计报告。

通解：财务报告是由核算单位自己或委托第三方机构提供的、用以反映单位财务状况、经营成果等财务信息的汇总报告。以短于一个完整会计年度的期间（如半年度、季度和月度）编制的财务会计报告称为中期财务会计报告。反之，年度财务会计报告则是以整个会计年度为基础编制的报告。

分析：学会对外提供的财务会计报告的内容、种类和格式都要符合我国会计准则和会计制度的要求。因单位内部管理需要而设置的财务会计报告则由学会自行规定，不对外提供。其中，在编制中期财务会计报告时，应当采用与年度会计报表相一致的确认与计量原则，内容相对于年度财务会计报告而言可以适当简化，但是应包括反映期间业务活动情况及其现金流量相关的重要财务信息。

第二章 看懂财务报表

55. 财务会计报告中的“三张表”

根据《民间非营利组织会计制度》规定，民间非营利组织提交或披露的财务会计报告应由会计报表、会计报表附注和财务情况说明书组成。其中会计报表至少应当包括资产负债表、业务活动表和现金流量表这“三张表”。

通解：因学会的非营利属性，未涉及利润表和所有者权益变动表。资产负债表是反映不同时点上社会组织财务状况的报表，体现了单位占用的资源情况及其来源方式。业务活动表反映了资产负债表中“净资产”的主要增减变化；现金流量表反映资产负债表中“货币资金”的增减变化。

分析：“三张表”是“一体两面”的钩稽关系。其中，主体是资产负债表，两面是业务活动表和现金流量表。资产负债表作为主表，即使没有业务活动表也能通过净资产的期末数与期初数的比较计算出当期结余的基本情况，即使没有现金流量表也能通过对货币资金的期初、期末余额的比较计算出期间现金及现金等价物的净增加额。只不过有了业务活动表和现金流量表能够反映得更加全面和具体。

56. 资产负债表的作用

通解：资产负债表又称为财务状况表，全面反映学会在某一特定日期（通常为各会计期末）的财务状况，包括资产、负债和净资产的结构及其数据。资产负债表利用会计平衡原理，将资产、负债、净资产科目分为“资产”和“负债和净资产”两大区块进行列示，将经过分录、转账、分类账、试算、调整等账务处理程序后的财务信息进行分类报告，呈现出特定日期的静态财务数据。资产负债表一方面可以用于学会内部管理的纠错，另一方面可以辅助用来修正运营方向和惩恶除弊，更重要的是可以让学会负责人在最短时间内了解组织的运营状况。

57. 资产负债表的主要内容

通解：资产负债表是反映学会在某一特定时点（如月末、季末、年末）现有全部资产、负债和净资产情况的静态报表，根据“资产=负债+净资产”这一平衡公式，依照一定的分类标准和一定的次序，将某一特定时点的资产、负债、净资产的具体项目予以适当的排列编制而成。它反映学会在某一特定日期依法所拥有或控制的经济财产资源、所承担的现实义务和对净资产的支配权。

示例：

资产负债表

编制单位：年月日　　　　单位：元

资产	行次	年初数	期末数	负债和净资产	行次	年初数	期末数
流动资产：		——	——	流动负债：		——	——
货币资金	1			短期借款	61		
短期投资	2			应付款项	62		
应收款项	3			应付工资	63		
预付账款	4			应交税金	65		
存货	8			预收账款	66		
待摊费用	9			预提费用	71		
一年内到期的长期债权投资	15			预计负债	72		
其他流动资产	18			一年内到期的长期负债	74		
流动资产合计	20	–	–	其他流动负债	78		
				流动负债合计	80	–	–
长期投资：		——	——				
长期股权投资	21			长期负债：		——	——
长期债权投资	24			长期借款	81		
长期投资合计	30	–	–	长期应付款	84		
				其他长期负债	88		
固定资产：		——	——	长期负债合计	90	–	–
固定资产原价	31						
减：累计折旧	32			受托代理负债：		——	——
固定资产净值	33	–	–	受托代理负债	91		
在建工程	34						
文物文化资产	35			负债合计	100	–	–
固定资产清理	38						
固定资产合计	40	–	–				
无形资产：		——	——				
无形资产	41			净资产：		——	——
				非限定性净资产	101		
受托代理资产：		——	——	限定性净资产	105		
受托代理资产	51			净资产合计	110	–	–
资产总计	**60**	–	–	**负债和净资产总计**	**120**	–	–

单位负责人：　　　主管会计工作负责人：　　　会计机构负责人（会计主管人员）：

分析：从以上资产负债表模板中可看到，资产负债表模板左侧为“资产”状况，右侧为“负债和净资产”状况。其中，“资产”侧又分为流动资产、长期投资、固定资产、无形资产和委托代理资产的区块；“负债和净资产”侧又分为流动负债、长期负债、委托代理负债和净资产的区块。

58. 资产负债表的核心数据含义

通解：首先，资产负债表是一张左右平衡的数据表，左侧底端的“资产总计”数与右侧底端的“负债和净资产总计”数必须是相等的；其次，资产负债表是一张前后增减的数据表，无论是在左侧还是右侧都包括“年初数”和“期末数”两列，通过每个项目的年初与期末数比较，就可以知道资产负债的增减趋势和具体数额；最后，资产负债表是一张分类分块的数据表，可以分块反映资产或负债的构成项目、增减程度和当期期末余额。

分析：“资产”期末数值越高，代表学会可拥有和支配的资产越多；“资产”的年初、期末数比较增量越大，代表学会当期运营成果越好。此外，可以对资产负债表相关数据进行比率分析，其中“资产负债率”即负债总额与资产总额的比值，能够反映出学会可继续投入业务活动的资金能力，同时也意味着向该学会出借款项的安全系数和学会自身的短期偿债能力；最后，通过与过往年度、季度、月度期末数的比较，可以整体把握学会的运营趋势和发展态势。值得注意的是，学会流动资产比重较高，特别是货币资金较多时，说明资金的使用效率较低，就会影响资金的营运能力和获益能力；同时，非流动资产比例过低也会影响学会业务活动的开展能力，从而影响学会的未来发展。

59. 业务活动表的作用

通解： 业务活动表是反映一定会计期间学会的收入、费用情况对净资产增减变动影响的财务报表。业务活动表又称为动态报表，学会通常采用的是单步式格式，其特点是将当期所有收入的数额相加得出收入总额，然后将当期所有费用的数额相加得出费用总额，最后用两者之差一次性计算出当期结余总额。该格式报表中各分项数据都是原始数据，比较好理解，但难以反映单独业务活动项目的净收益情况。

60. 业务活动表的主要内容

通解： 业务活动表反映的是学会在月度、季度、半年度或年度业务运营及管理活动成果的会计报表，其成果可能表现为净收益，也可能表现为净亏损。业务活动表可以全面显示学会某一期间实现的各种收入、发生的各种费用以及结余的情况。

示例：

业务活动表

编制单位：年度　　　　单位：元

项　目	行次	上年累计数			本年累计数		
		非限定性	限定性	合计	非限定性	限定性	合计
一、收入		–	–	–	–	–	–
其中：捐赠收入	1			–			–
会费收入	2			–			–
提供服务收入	3			–			–
商品销售收入	4			–			–
政府补助收入	5			–			–
投资收益	6			–			–
其他收入	9			–			–
收入合计	11						
二、费用		–	–	–	–	–	–
(一)业务活动成本	12			–			–
其中：人员费用	13			–			–
日常费用	14			–			–
固定资产折旧	15						
税费	16			–			–
(二)管理费用	21			–			–
(三)筹资费用	24			–			–
(四)其他费用	28			–			–
费用合计	35						
三、限定性净资产转为非限定性净资产	40			–			–
四、净资产变动额（若为净资产减少额，以“-”号填列）	45	–	–	–	–	–	–

单位负责人：　　　　主管会计工作负责人：　　　　会计机构负责人（会计主管人员）：

分析：从以上月度业务活动表模板中可看到，其是纵向分块结构的数据叠加表。上部为当期产生的各种“收入”；中部是当期发生的各种费用；中下部是当期“限定性净资产转为非限定净资产的数额”；最下部是以上三者数额之和反映的当期净资产变动情况。

61. 业务活动表的核心数据含义

通解：业务活动表分项列主要反映学会当期因捐赠、会费、提供服务、商品销售、政府补助和对外投资等取得的各种收入及与其相对应的业务活动成本及期间费用。编制该报表目的是为了衡量学会在特定期间取得的业务运营收入以及相应付出的代价，可以作为业务绩效分析与考核的主要依据。收入一般要区分为“非限定性”和“限定性”，费用通常不用如此划分。业务活动表中净资产变动额=收入-费用+（或-）限定性净资产转为非限定性净资产。

分析：通过业务活动表数据结构分析，可以把握一定会计期间学会的收入情况，如捐赠收入、政府补助收入、提供服务收入、商品销售收入、其他收入等情况；可以了解业务活动成本、管理费用、筹资费用、其他费用的情况等；通过净资产的增减变化，进而确定资产保值增值情况。如果将业务活动表中的数据与资产负债表中的数据相结合，还可以推算出应收账款周转率、存货周转率、资产收益率等，可以作为学会负责人业务决策参考指标。

62. 现金流量表的作用

通解：现金流量表是反映学会在一定会计期间（月度、季度、年度）经营活动、投资活动和筹资活动导致现金及现金等价物增减变动情况的财务报表。也就是用以反映学会在某个时间阶段现金流动情况，进而体现学会在当期是否有充裕的现金去维持运营和开展业务活动。现金流量表主要对应反映学会资产负债表中各个项目对现金流动情况的影响，并根据用途划分为业务、投资、筹资三个活动类别。

63. 现金流量表的主要内容

通解：现金流量表主要是体现学会在某个期间筹措、产生现金的能力。现金能力决定了学会的短期生存能力，特别是意味着学会偿付短期债务的能力。现金流动包括现金流入和现金流出两种内容，体现了在一段时期内现金的增减变动情况。因此，现金流量表也是动态报表。现金流量表通过概括反映学会业务活动、投资活动、筹资活动导致的现金流入、流出情况，对于评价学会取得业务收入、短期财务状况及财务管理成效起到重要参考作用。

示例：

现金流量表

编制单位：年度　　　　　　　　　　　　　　　　　　　　单位：元

项目	行次	金额
一、业务活动产生的现金流量：		
接受捐赠收到的现金	1	
收取会费收到的现金	2	
提供服务收到的现金	3	
销售商品收到的现金	4	
政府补助收到的现金	5	
收到的其他与业务活动有关的现金	8	
现金流入小计	13	-
提供捐赠或者资助支付的现金	14	
支付给员工以及为员工支付的现金	15	
购买商品、接受服务支付的现金	16	
支付其他与业务活动有关的现金	19	
现金流出小计	23	-
业务活动产生的现金流量净额	24	-
二、投资活动产生的现金流量：		
收回投资所收到的现金	25	
取得投资收益所收到的现金	26	
处置固定资产和无形资产所收回的现金	27	
收到的其他与投资活动有关的现金	30	
现金流入小计	34	-
购建固定资产和无形资产所支付的现金	35	
对外投资所支付的现金	36	
支付的其他与投资活动有关的现金	39	
现金流出小计	43	-
投资活动产生的现金流量净额	44	-
三、筹资活动产生的现金流量：		
借款所收到的现金	45	
收到的其他与筹资活动有关的现金	48	
现金流入小计	50	-
偿还借款所支付的现金	51	
偿付利息所支付的现金	52	
支付的其他与筹资活动有关的现金	55	
现金流出小计	58	-
筹资活动产生的现金流量净额	59	-
四、汇率变动对现金的影响额	60	
五、现金及现金等价物净增加额	61	-

单位负责人：　　　　　　主管会计工作负责人：　　会计机构负责人（会计主管人员）：

分析：从以上现金流量表模板中可看到，其与业务活动表一样，也是纵向分块结构的数据叠加表。上部是“业务活动产生的现金流量”；中部是“投资活动产生的现金流量”；下部是“筹资活动产生的现金流量”。在每个大项中，都包括“现金流入”“现金流出”和“现金流量净额”三个细项。如果学会涉及外币业务，还有核算“汇率变动对现金的影响额”。上述四项的数额之和就是当期的现金及现金等价物增加净额。

64. 现金流量表的核心数据含义

通解：对于学会而言，没有短期现金支付能力是致命的，意味着发不出工资、支付不了房租和无法正常开展业务活动。学会负责人大多最关心的就是现金流量信息，捐赠人和放贷银行等同样要了解学会的现金偿还支付能力。通过现金流量表的数据可以了解学会的现金从哪里来、到哪里去，结合资产负债表和业务活动表对学会经营能力和状况作出更加全面、合理的评价。

分析：现金流量表反映学会的“造血自循环能力”，具有明显的综合性和可比性。通过对现金流量表的梳理、取数、分析，能够反映学会财务状况变动的成因、后果及趋势，具体可采用结构分析法、同业分析法或趋势分析法。分析结果可作为社会组织开展业务活动进程决策之用。

65. 从“三张表” 的数据研判学会的经营状况

通解：从财务管理和辅助决策的角度，资产负债表关键在于“平衡”，业务活动表关键在于“损益”，现金流量表关键在于“穷富”。资产负债表意味着“家底薄厚”，业务活动表意味着“事业进退”，现金流量表意味着“钱包鼓瘪”。

分析：资产负债表体现学会未来发展的依仗和潜力；业务活动表体现学会各业务板块的业绩和运营水平；现金流量表体现学会驾驭收

付款项和提高资金效率的能力。从另一个角度看，资产负债表表明学会有多少资产，就应该有多少负债和净资产；业务活动表表明学会的资产都被谁消耗了，如何消耗的，结余了多少资金，效益是怎样创造的；现金流量表表明学会处于“半饥饿”状态，资金有进有出，才是最有活力的。

第三章 读懂年度审计报告

66. 年度审计报告的定义

通解：学会的年度审计报告，是指注册会计师根据独立审计准则的要求，在实施必要的审计程序后出具的，用于对被审计的学会年度会计报表发表审计意见的书面文件。年度审计报告是注册会计师审计工作的最终成果，具有法定证明效力，注册会计师对其承担相应的法律责任。一般来讲，审计报告就是注册会计师对全国学会某个核算期间的“三张表”及其他相关资料审查后发表的专业鉴证意见。顾名思义，年度审计报告的审查对象就是学会一个会计年度的财务报表及其相关其他资料。

67. 年度审计报告的构成

通解：学会的年度审计报告一般由正文、被审计民间非营利组织的已审会计报表组成。其中，被审计组织的会计报表至少应包含资产负债表、业务活动表、现金流量表以及会计报表附注。

68. 年度审计报告的格式

通解：学会的年度审计报告通常包括标题、收件人、意见段、形成审计意见的基础说明段、管理层和治理层对财务报表的责任段、注册会计师对财务报表审计的责任段、注册会计师的签名及印章、注册会计师事务所的名称、地址及盖章和报告日期。

示例：

审计报告

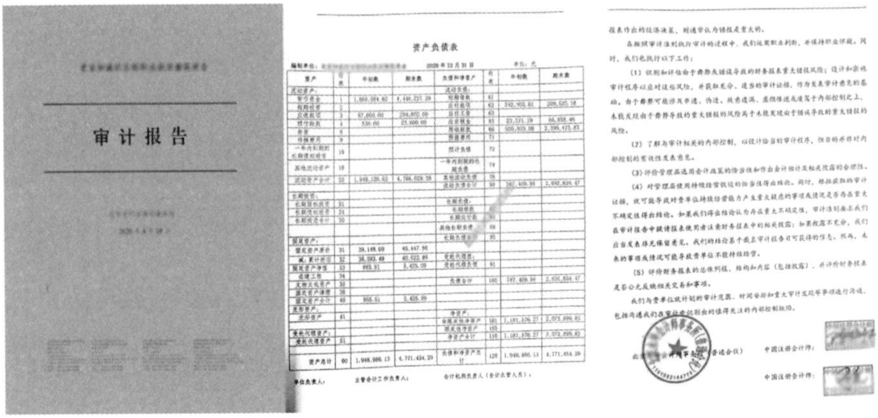

分析：审计报告通常能够起到鉴证、保护和证明等作用。理论上讲，注册会计师应当以具有专业胜任能力的第三方身份对被审计单位会计报表的合法性、公允性发表审计意见。注册会计师的这种“超然身份”应受到相关各方的“普遍认可”。但是，审计报告只能合理保证已审被审计单位报表所反映的财务状况、经营状况及现金流量的合法性、公允性，不能完全保证已审报表中不存在任何错误或舞弊。因此，在决策过程中，特别是在投资决策过程中，仍需要决策人员开展尽职调查，包括历史调查、业务调查、资信调查、行政调查等一系列内容。

69. 年度审计报告意见段的主要内容

通解：意见段是学会年度审计报告的核心内容。意见段应当说明如下内容：被审计的学会会计报表的编制是否符合《民间非营利组织会计制度》及国家其他有关财务会计法规的规定；会计报表在所有重大方面是否公允地反映了被审计学会特定时点资产负债表的财务状况以及所审计期间的业务活动成果、现金流量情况。

70. 年度审计报告说明段的主要内容

通解：当注册会计师在年度审计报告的意见段中出具保留意见、否定意见或无法表示意见的审计报告时，应在意见段中增加情况说明段，说明所持意见的理由，并在可能情况下，指出其对会计报表的影响程度。当注册会计师出具无保留意见审计报告时，如果认为有必要，可以在注册会计师对财务报表审计的责任段之后，增加对强调事项段的说明，以提示学会负责人及其他人员重点关注的部分。

71. 年度审计报告审计意见的类型

通解：注册会计师应当根据审计结论，对全国学会出具下列审计意见之一的审计报告：无保留意见；保留意见；否定意见；无法表示意见。审计意见的类型即注册会计师对全国学会某一会计年度财务报表发表意见的类型。显而易见，无保留意见意味着完全认同；保留意见意味着认同大部分而不是全部；否定意见意味着完全不认同；无法表示意见意味着无法满足发表审计意见的最低要求。

72. 出具无保留意见的情形

通解：无保留意见的审计报告常使用“我们认为”做意见段的开头，并使用“在所有重大方面公允地反映了”等专业术语。所包含的信息为：注册会计师经过审计后，认为被审计学会的会计报表的编制同时符合下述情况：（1）会计报表的编制符合《民间非营利组织会计制度》及国家其他有关财务会计法规的规定；（2）财务报表在所有重大方面公允地反映了被审计单位的财务状况以及业务活动成果和现金流量情况。

73. 出具保留意见的情形

通解：保留意见的审计报告常于意见段中使用“除存在上述意见以外”“除上述问题造成的影响以外”或“除上述情况待定以外”等专业术语。所包含的信息为注册会计师经过审计后，认为被审计学会会计报表的反映就其整体而言是公允的，但还存在下述情况之一：（1）个别重要财务会计事项的处理或个别重要会计报表项目的编制不符合《民间非营利组织会计制度》及国家其他有关财务会计法规的规定，被审计单位拒绝进行调整；（2）因审计范围而受到重要的限制，无法按照独立审计准则的要求取得应有的审计证据；（3）个别重要会计处理方法的选用不符合一贯性原则。需要特别关注的是，在审计期间对不合规的情形是可以在出具最终报告之前进行调整的，如果调整后的财务报表不存在上述情形，审计人员就可以出具无保留意见的审计报告。

74. 出具否定意见的情形

通解：否定意见的审计报告常于意见段中另设说明段，说明所持否定意见的理由，并在意见段之中使用“由于上述问题造成的重大影响”“由于受到前段所述事项的影响”等专业术语。所包含的信息为注册会计师经过审计后，认为被审计学会会计报表存在下述问题之一：（1）会计处理方法的选用严重违反《民间非营利组织会计制度》及国家其他有关财务会计法规的规定，且被审计单位拒绝进行调整；（2）会计报表严重歪曲了被审计单位的财务状况、业务活动成果和现金流量情况，且被审计单位拒绝进行调整。认真分析被出具否定意见的情形，可以发现财务管理的漏洞，进而规避财务内部控制制度不健全，或内部控制制度落实结果不乐观导致的业务风险。

75. 出具无法表示意见的情形

通解：无法表示意见的审计报告常于意见段中另设说明段，以说明所持无法表示意见的理由，并在意见段中使用“由于审计范围受到严重限制”“由于无法实施必要的审计程序”“由于无法获取实施必要的审计证据”“我们无法对上述会计报表整体反映发表意见”等专业术语。包含信息为注册会计师在审计过程中，由于审计范围受到委托人、被审计学会或客观环境的严重限制，不能获取必要的审计证据，以致无法对会计报表整体反映发表审计意见。

76. 注册会计师的责任

通解：注册会计师的责任是对被审计学会会计报表的真实性、合法性和公允性发表意见，而不是对被审计民间非营利组织的财务状况、运营水平及可持续发展能力发表意见。至于对被审计学会的财务状况、运营能力，应由财务会计报告使用者自行研判。其中，注册会计师的审计责任是指注册会计师应对其出具的审计报告的真实性、合法性负责。审计报告的真实性是指审计报告应如实反映注册会计师的审计范围、审计依据、已实施的审计程序和应发表的审计意见。审计报告的合法性是指审计报告的编制和出具必须符合《中华人民共和国注册会计师法》和《中国注册会计师审计准则》的规定。

第四章 年度检查过程中的财务要求

77. 财务状况的重要性

政策解析：根据《全国性社会团体年度检查事项须知》的规定，全国学会每年年检需提交以下材料：（1）年度工作报告书；（2）年度财务审计报告；（3）社会团体法人登记证书副本复印件和其他应当提交的材料。其中，年度检查工作报告的内容具体包括：（1）基本信息；（2）内部建设情况；（3）财务会计报告；（4）业务活动情况；（5）其他需要说明的情况；（6）接受监督检查情况等。

全国学会年检的内容可分为财务情况检查和非财务情况检查。其中财务情况包括社会组织的财务状况、资金来源和使用情况，财务情况在年检中占有很重要的地位。在全国学会年检过程中，登记管理机关对全国学会报送的年检财务材料进行检查、分析，作出对该组织的年度财务评价，再结合非财务情况检查作出社会组织年检结论。

另外，在全国学会年度检查结论确定的基本合格或不合格情形中，与财务状况直接或间接相关的主要情形有：（1）制定或者修改会费标准不符合规定的；（2）存在违法违规收费行为的；（3）财务管理或资金、资产使用存在违规情形的。

常见问题：在年检过程中，有少部分学会不按相关法规制定规范有效的财务管理制度；不按《民间非营利组织会计制度》设置运用会计科目，设置二级明细账分类账或明细分类科目不正确；日常办公费用和员工工资、保险、福利等支出占全年支出总额较高；违规出借资金，违规提供担保，会费支出不符合章程规定，侵害其他会员利益；票据使用不规范，支出取得的票据付款方与户名不一致；会费收据和往来款收据不分；经费收支计划性不强，支出多头审批且不及时；大额支出采用现金结算，不符合《现金管理暂行条例实施细则》；个别经费收支手续不完整，付款无依据，大额支出无清单；在往来账户中列收列支，收支反映不真实；收费不透明，存在各种名目变相收费、借开展活动敛财问题；接受的捐赠款或政府补助收入挂账往来款项，不按规定及时确认收入，不按款项用途、性质分类核算；公益慈善项目运作不规范不透明；财务状况和工作报告公布不能及时、准确和完整；财务人员责任心不强，账务处理不能做到日清月结。

78. 对财务会计报告的要求

政策解析：根据《全国性社会团体年度检查事项须知》的规定，财务会计报告应包括“资产负债表”“业务活动表”“现金流量表”三个报表，且应根据财政部颁布的《民间非营利组织会计制度》规定编制。具体项目及编制方法需要参考《民间非营利组织会计制度》规定执行。

财务会计报告必须由民间非营利组织财务人员依据实际情况如实填写。如全国学会财务管理尚未按规定执行《民间非营利组织会计制度》，应在其他需要说明的情况中说明理由，并提出整改措施。

按要求需提交审计报告的全国学会，财务会计报告中数据应与审计报告中报表数据保持一致。在提交的纸质材料中，“资产负债表”“业务活动表”“现金流量表”三个报表都应由学会负责人、财务负责人审核并签字确认。

常见问题：有一定比例的全国学会报送企事业单位格式的财务会计报告。企事业单位的财务会计报告与《民间非营利组织会计制度》规定的财务会计报告格式完全不同。由于科目名称及科目核算的内容所依据的会计制度不同，按企事业单位会计制度所编制的财务会计报告就无法反映学会的资产状况、资金的使用情况及其效果、现金流量等信息，也不能满足学会会计信息使用者（捐赠人、受赠人、会员以及管理部门等）的需要，更不便于监督管理。财务会计报告的格式不正确，是财务管理不规范的具体表现之一。

还有少数的全国学会年检时填报的财务会计报告中资产负债表不平衡；资产、负债、净资产、收入、费用和结余相关要素内钩稽关系不正确；净资产份额低于开办资金；资产负债率过高；有关科目数字调增或调减包装过度，造成报表或相关科目数据不合理。

79. 对年度财务审计报告的要求

政策解析：根据《全国性社会团体年度检查事项须知》的规定，年度财务审计报告每年提交一次。上一年度年检未提交年度审计报告的社会团体，应当提交当年度的财务审计报告。全国学会应当委托有资质的审计机构进行财务审计。财务审计报告审计范围应当包含所有分支（代表）机构的全部收支。已脱钩的全国学会不再需要提供年度财务审计报告。

常见问题：有部分全国学会聘请的会计师事务所出具的审计报告名称不一，有“审计报告”“年检验资报告”“年检审计报告”“年报审计报告”等；报告的收件人（或主送单位）称呼混乱，有“××全体股东”“××举办者”“××出资者”“××理事会”等；审计标准多样，有《企业会计制度》《事业单位会计制度》《医院会计制度》《中小学单位会计制度》等；财务报表混用，有企业财务报表、非营利组织财务报表、事业单位财务报表等。有的会计师事务所年检期间审计业务量大，时间紧，在审计中不适当地省略了必要的审计程序，甚至有极少数会计师事务所仅对客户提供的表格进行简单复核后就草率出具审计报告，导致个别审计报告内容非常简单，仅有一个审计结论或评价、三张报表，无会计报表的附注、审计事项说明等。

80. 对已脱钩全国性行业协会商会的资产报告的要求

政策解析：根据《全国性社会团体年度检查事项须知》的规定，已脱钩全国性行业协会商会完成网上填报并提交数据库后，将年度资产报告书打印成A4大小纸质文本一份，在法定代表人签字、财务负责人签字、民间非营利组织印章备齐后报送。需要注意的是，大多数全国学会不属于“已脱钩”的情形。

常见问题：全国学会提交的资产报告中如果存在下列情况时，会被要求妥善解决相关问题后方予受理。具体情形有：（1）权属资料不全面或者存在瑕疵；（2）评估程序受到限制；（3）资产评估对应的经济行为中存在可能对评估结论产生重大影响的瑕疵。此外，评估机构经常出现的问题有：（1）认识程度不够，未能从履行出资人和国有资产保值增值角度去充分认识资产评估；（2）对委托范围内的资产，没有认真履行盘点清查、实地勘察等必要的核对程序，对债务债权类资产（如有）没有进行必要的函证，只是对资产的账面数根据工作经验作出评判，不能客观公正地反映资产公允价值，难以保证评估结果的真实、合理和完整性；（3）进行评估时方法选择不恰当，不慎引用评估假设，扭曲了资产价值；（4）对专利、商标、商誉等极具价值和增值潜力的无形资产按极低的价格评估或不评估不说明。

81. 对获得公益性捐赠税前扣除资格社团的要求

政策解析：根据《关于公益性捐赠税前扣除有关事项的公告》（财政部 税务总局 民政部公告 2020年第27号）相关规定，公益性社会组织，包括依法设立或登记并按规定条件和程序取得公益性捐赠税前扣除资格的慈善组织、其他社会组织和群众团体。

（一）符合《中华人民共和国企业所得税法实施条例》第五十二条规定的条件。即公益性社会团体，是指同时符合下列条件的基金会、慈善组织等社会团体：依法登记，具有法人资格；以发展公益事业为宗旨，且不以营利为目的；全部资产及其增值为该法人所有；收益和营运结余主要用于符合该法人设立目的的事业；终止后的剩余财产不归属任何个人或者营利组织；不经营与其设立目的无关的业务，有健全的财务会计制度；捐赠者不以任何形式参与社会团体财产的分配。

（二）申请前 2 年内未受到行政处罚；

（三）公益性社会团体（不含基金会）在民政部门依法登记 3 年以上，净资产不低于登记的活动资金数额，申请前连续 2 年年度检查合格，或最近 1 年年度检查合格且社会组织评估等级在 3A 以上（含 3A），申请前连续 2 年每年用于公益活动的支出不低于上年总收入的 70%（含 70%），计算该支出比例时，可以用前三年收入平均数代替上年总收入。

常见问题：全国学会是否获得公益性捐赠税前扣除资格不影响其年度检查结果；但需要注意，年度检查的结果会影响公益性捐赠税前扣除资格的存续。相关规定虽然没有对年检结论的明确要求，但有“登记管理机关在后续管理中发现非营利组织不符合相关法律法规和国家政策的，应自该情形发生年度起取消其资格”这样的陈述。全国学会逾期未参加年检或年度检查结论为不合格的应被视为上述“不符合”的情形，或者最近一次社会组织评估等级低于 3A 的，对已认定的享受免税优惠政策的全国学会，应取消其资格；而且财政、税务部门在一年内通常不再受理该学会的再次资格认定申请。

第五章 财务核算中的常见问题

82. 选择错误的会计制度

风险提示：全国学会未按规定执行《民间非营利组织会计制度》，一方面会导致财务报告不能全面准确反映学会的业务活动状况、资产负债状况等；另一方面在年度检查、等级评估过程中，属于整改内容或减分事项。

案例解析：某学会沿用之前的行政事业单位会计制度，在业务收入、资金等方面与民间非营利组织会计制度的核算要求出现了较大的偏差。按照相关规定要求：行业协会商会应执行民间非营利组织会计制度，单独建账，独立核算，实行独立财务管理。

83. 年末净资产数额少于成立时开办资金数额

风险提示：全国学会年末净资产过少、未达到成立时开办资金数额，即代表着该学会的整体经营状况不佳、偿付债务的能力不强和支持业务开展的潜力不足，有可能直接导致年度检查“基本合格”或“不合格”，或在参与政府购买项目投标时达不到要求。

案例解析：某学会因运营策略偏差，不仅新发展会员数量较少，会费收取率较低，且所承担的政府购买项目数量也较少，加上无其他收入，导致上一年度年末净资产数额低于开办资金。在年度检查时，因该情况直接导致年度检查结果为“不合格”。按照相关规定要求，自 2018 年起已经取消了全国性行业协会商会的财政直接拨款。全国学会应当及时调整运营策略，加速社会化进程，逐步优化收入结构，争取通过社会公益效益保持和增加学会的净资产数额。

84. 分支机构收支核算不合规

风险提示：全国学会在财务核算过程中，如果不将全部分支机构纳入核算范围，既可能导致年检财务数据不完整、不真实的问题，又可能遭到税务机关的稽查和处罚，再有从内控管理的角度，也不利于动态管控分支机构，将带来较大的风险。

案例解析：某学会设立了多家分支机构，其中个别分支机构在财务核算时未纳入其中，出现披露的分支机构与提交的财务报告不符等问题。在《关于加强社会团体分支（代表）机构财务管理的通知》中明确规定，社会团体分支（代表）机构的全部收支应当纳入社会团体财务统一核算、管理，不得记入其他单位、组织和个人账户。

85. 会计核算科目设置不正确

风险提示：全国学会会计科目的设置问题，究其原因要么是会计制度适用错误，要么是财务人员学习掌握《民间非营利组织会计制度》不扎实、不透彻。财务报告中的核心数据，都来源于各个科目，会计核算科目设置不正确会直接导致财务报告中的数据不准确。

案例解析：某学会委托代理记账机构进行记账报税，但该记账机构在进行财务核算时采用了《小企业会计准则》，并未执行《民间非营利组织会计制度》，最终导致出现会计科目设置的多处错误，该学会也因此承担了一系列不利后果。民间非营利组织科目分类包含资产、负债、净资产、收入、支出等，在具体财务处理上，与企业差异较大，例如：（1）不存在实收资本会计科目；（2）收入分类与企业不同，包括捐赠收入、会费收入、政府补助收入、提供服务收入、商品销售收入、投资收益、其他收入等；（3）期末收入和费用需要结转计入净资产，净资产分为“非限定性净资产”和“限定性净资产”等。

86. 收入确认不及时

风险提示：按照税收法律法规和会计制度中收入确认的相关规定，全国学会若未及时确认核算并申报当期应税收入的，既要补缴税款，还可能面临缴纳罚款和加收滞纳金的行政处罚风险。

案例解析：某学会与一单位签订了服务合同，服务内容为出售学术期刊和提供科技咨询服务，并约定在合同期限内分两次付款。按照现行会计准则和会计制度要求，合同涉及的销售商品部分和提供劳务部分分开单独计量，应分别确认商品销售收入和提供服务收入，否则全部按商品销售确认收入。同时，该学会应按照合同约定的商品销售和服务提供方式分期确认并核算收入。该学会若未按合同约定方式确认收入，会导致收入核算不恰当，从而导致收入入账金额不正确，税款缴纳不及时。

87. 存在长期挂账的应收、应付款项

风险提示：长期挂账可能导致的风险有：一是存在应确认而未确认的收入、费用情况，涉及缴纳增值税、企业所得税的合法性；二是对全国学会内部自然人借款超期未归还，应视同工资薪金发放涉及个人所得税征缴事项。

案例解析：某学会“其他应收款”和“其他应付款”均有较大金额的款项长期挂账。其中“其他应付款”中有部分金额汇入一位发起人个人账户，实质上是此人为学会提供某项服务的劳务收入。经查明后，该学会补缴了未代扣代缴的个人所得税税款。

88. 会议和公益活动支出不合规

风险提示：全国学会活动支出不合规，包括费用报销不规范、业务活动收支不纳入主办学会账面等情形。出现上述情况，一定会导致财务管理不合规，财务数据不真实，还可能存在“腐败”的风险。

案例解析：某学会在其作为主办单位召开的部分会议活动中，收支由承办单位管理。在《民政部、财政部关于加强社会组织反腐倡廉工作的意见》和《社会组织举办研讨会论坛活动管理办法》中都强调，以社会组织及其分支（代表）机构名义举办的会议、展览、培训等各类活动所发生的经费往来，必须纳入社会组织法定账户统一管理，不得进入其他单位或个人账户。

89. 违规发放津补贴

风险提示：全国学会应该在《薪酬管理制度》中，规范其工作人员的工资、津贴、福利、奖金、绩效、社会保险、住房公积金的发放与缴纳，并严格执行。如果不按照制度规定，以突击花钱或项目奖励的名义滥发津贴、补贴、奖金、实物，会带来许多“违规”风险。

案例解析：《中共中央组织部关于规范退（离）休领导干部在社会团体兼职问题的通知》中规定，退（离）休领导干部在社会团体兼职不得领取社会团体的薪酬、奖金、津贴等报酬和获取其他额外利益，也不得领取各种名目的补贴等，确属需要的工作经费，要从严控制，不得超过规定标准和实际支出。学会不能通过设置顾问委员会、专家委员会方式，以项目名义违规向单位的退休领导干部和有事业编制的在职干部发放劳务费、专家费、顾问费和高温补助等。

90. 为关联方承担费用支出

风险提示：全国学会因业务交流和管理联系需要，可能出现为关联方承担费用的情况，一方面会因违反内部报销制度，导致自身账表不符、费用提高；另一方面还会带来廉政风险。

案例解析：某学会除了正常的会费收入、业务收入以外，主要获得学会法人创办的企业的资助和支持，并承接了该企业的有偿技术咨询服务。根据双方约定，该学会每年将关联收入按照一定比例上交给该企业作为管理费，变相为关联方承担费用。

关联方是指一方或多方控制另一方，或对另一方施加重大影响；或两方以上同受一方控制或重大影响的相关各方。民间非营利组织的关联方：（1）设立人及其所属企业集团的其他成员单位。（2）设立人及其所属企业集团的其他成员单位共同控制或施加重大影响的企业。（3）设立人及其所属企业集团的其他成员单位设立的民间非营利组织。（4）本单位控制、共同控制或施加重大影响的企业。（5）本单位设立的其他民间非营利组织。（6）关键管理人员及与其关系密切的家庭成员。关键管理人员，是指有权力并负责计划、指挥和控制民间非营利组织活动的人员，包括负责人、理事、监事、分支（代表）机构负责人等。与关键管理人员关系密切的家庭成员，是指在处理与该组织的交易时可能影响该个人或受该个人影响的家庭成员。（7）关键管理人员或与其关系密切的家庭成员控制、共同控制或施加重大影响的企业。（8）关键管理人员或与其关系密切的家庭成员设立的其他民间非营利组织。（9）慈善组织主要捐赠人。

91. 财务票据使用不合规

风险提示：全国学会按其取得收入类别的不同，票据种类包括增值税发票、会费票据和公益捐赠票据，其中增值税发票属于应税票据。如发生错用、串用，轻则须补缴相关税费，重则面临税务稽查和处罚，并对社会组织免税资格的认定和延续产生重大影响。

案例解析：某学会上一年度存在多张会费票据开给同一家会员单位且票据金额超出章程规定的会费收取标准的情况，实质上是服务业务往来。按照相关规定，学会只有在收取会费时，才可以使用社会团体会费票据，学会的其他收入不得使用社会团体会费票据。学会不得擅自扩大社会团体会费票据使用范围，不得将社会团体会费票据与其他财政票据、应税票据互相串用。

92. 投资实体或主办杂志收支处理不规范

风险提示：全国学会投资实体和主办杂志是业务增收的重要手段。部分全国学会控股和主办杂志业务的各项收支数据，如不纳入会计报表，一方面会直接造成财务数据的严重不实；另一方面还会导致纪律检查等风险。

案例解析：某学会出资控股了一家高科技企业。上一年度控股企业盈利并进行了股利分配，但该学会未进行投资收益核算，有意隐匿当期收入，导致该学会财务报告相关数据不完整且存在违法行为。

93. 支出依据不充分或超范围列支

风险提示：在全国学会的日常运营过程中，由于各种原因会出现公款私用、超规格接待、超范围报销等情形。发生上述情形，直接会给全国学会带来较大的“违规”风险。

案例解析：某学会在开展培训活动过程中，经常以现金方式超标发放专家费。按照有关规定，学会超标准支付费用属于重大财务管理漏洞和问题，很可能会影响学会年检评估工作结论。

94. 固定资产管理不规范

风险提示：全国学会通常是轻资产运营，但有一些学会购置了车辆、办公设备等固定资产。对于相对“重资产”的学会，一旦固定资产管理不规范，导致统计不清或保管不当，就会造成资产流失，还会直接影响学会的资产真实情况。

案例解析：某学会没有专门的固定资产管理制度，也未指定专人负责对固定资产进行定期盘点。按照民间非营利组织会计制度的有关规定，全国学会应当对固定资产定期盘点或者至少每年实地盘点一次。

95. 报废固定资产处置不当

风险提示：全国学会购置的固定资产因为使用、变卖、损坏、损毁，其资产价值通常会逐年递减，超过一定年限后，不具备使用价值的固定资产还应当及时清理或报废。如果学会在报废固定资产过程中处置不当，一方面会导致账面资产数据与事实情况不符；另一方面也可能导致净资产不真实。

案例解析：某学会在固定资产管理过程中未履行任何固定资产报废审批手续，而直接将部分办公设备予以出售和遗弃处理且未入账核算。按照《民间非营利组织会计制度》的有关规定，全国学会应当对固定资产的购建、出售、清理、报废和内部转移等办理相关手续并开展相应账务处理。

96. 大额现金支出不合规

风险提示：对大额现金的监管原本是为了反洗钱和反恐的需要，近年对大额现金的管控主要是为避免套取现金和保留账外公款的情况出现。违规进行大额现金支出会给全国学会带来诸多财务风险。

案例解析：某学会为了方便业务开展，存在大额支取现金的情形。按照《现金管理暂行条例实施细则》的规定，学会只能在一家银行开设现金结算户，用于支取现金。学会应当建立健全现金管理制度并设置现金账簿，逐笔记载现金支付业务，每日完成现金盘点核对，做到日清月结、账实相符。学会应设置持有现金的每日限额和现金支付限额，更不能超范围、超限额使用和持有现金。

97. 违规对外捐赠或资助

风险提示：全国学会对外捐赠或资助业务会导致学会的资金或资产发生减少。对外资助或捐赠不经业务主管部门批准或未完成学会内部决策程序，就容易用途不明，效力不显，还有可能出现控制人通过关联交易转移资金、资产的情形。

案例解析：某学会章程规定，对外资助或捐赠必须经由理事会决议通过后方可实施。但该学会却存在未经批准变相资助关联企业的情形，说明其单位内部治理层和管理层均不重视内部控制管理，单位存在较大的运营风险。

98. 出现现金坐支情况

风险提示：现金坐支是指全国学会在收到现金收入后不存入银行，直接从收到的现金中支付相关费用。现金坐支不利于财务监管。

案例解析：某学会召开会议，在支付会议相关费用时，工作人员直接从刚刚收取的会费中进行支付，该项会费收入与会议费用均未入账。根据《现金管理暂行条例》的规定，学会支付现金，可以从本单位库存现金限额中支付或者从开户银行提取，不得从本单位的现金收入中直接支付（即坐支）。

99. 合同管理不规范

风险提示：合同不但是交易双方约定权利义务的内容载体，同时也是资金往来的重要依据。有实质交易内容的合同，在合同签订阶段、执行阶段都与资金管理、发票管理等密切相关。如果合同管理不规范，没有与财务管理制度紧密衔接、数据共享，轻则会导致财务部门“措手不及”，重则可能导致违约担责。

案例解析：某学会因内部工作衔接问题，未及时将已签署的合同交由财务部门备案、开票，最终导致开票、收款延期。正常情况下，业务合同签约前应交由财务部门审查，签约后再交由财务部门备案。

100. 未按规定申报、缴纳税款

风险提示：全国学会应当按照税法的规定，缴纳增值税、企业所得税、房产税、车船税、印花税等。如果发生应税事项，但未如期申报、缴纳税款，可能会面临税务机关的处罚，并补缴税款及滞纳金。

案例解析：某学会未能按时完成企业所得税汇算清缴，导致了该学会被税务主管部门行政处罚，除补缴税款外还缴纳了滞纳金。

101. 涉企违规收费

风险提示：“减税降费”是优化营商环境的有力举措。近年来，国家连续出台了一批政策文件，如财政部印发《关于进一步规范社会团体会费票据使用管理的通知》（财办综〔2016〕99号），发改委联合民政部、财政部、国资委印发《关于进一步规范行业协会商会收费管理的意见》（发改经体〔2017〕1999号）等。全国学会如果发生违规涉企收费的情况，就会导致被行政处罚。

案例解析：从学会的收入来源分析，涉及企业的收费主要包括会费、经营服务性收费和捐赠收入。由于学会本身拥有一定行政资源和某一行业、领域的影响力，在经营过程中会出现超范围收费、强制收费等违规现象。违规涉企收费行为是监管部门的重点监管内容，一经发现必将会被严肃处理。

102. 费用报销不合规

风险提示：全国学会建立有效的费用报销制度，可通过明确学会每笔支出的授权方式、审批权限及责任和相关管控措施，规范和约束经办人的费用报销行为。如若学会的费用报销制度不健全，则“跑冒滴漏”就成为高概率事件。部分学会还存在超范围报销情形，还要承担相应行政处罚后果。

案例解析：某学会存在费用列支依据不充分、无事由无明细、报销凭据不完整不合规的情况，还存在使用内容不真实的发票报销和在账外存放现金数额较大的状况。根据《中共中央办公厅 国务院办公厅印发〈关于深入开展“小金库”治理工作的意见〉的通知》（中办发〔2009〕18 号），中央纪委、监察部、民政部、财政部、审计署制定了《社会团体“小金库”专项治理实施办法》，以会议费、劳务费、培训费等名义或以假发票、假合同等手段套取资金事项是重点整治领域。

103. 未按要求落实中央八项规定精神

风险提示：从财务管理角度来看，全国学会落实中央八项规定精神的有效举措就是严格费用支出管理。

案例解析：部分学会存在超标准接待、超标准出行和超标准发放补贴等违规行为。在 2017 年，民政部对全国社团等级评估的考核指标中，增加了对经费支出是否存在超标准接待、超标准出行等违反中央八项规定精神的考核指标。在《关于中国科协所属全国学会进一步加强财务管理的若干规定》中，第一项就是要求全国各学会坚决落实中央八项规定精神，要进一步对标中央八项规定精神，参照中央八项规定出台后严格禁止的财务行为，制定完善财务管理制度。学会可以参照国家税务总局督察内审司梳理出的《八项规定出台后严格禁止的财务行为 80 条》逐一对比。

104. 对外投资及其收益核算不准确

风险提示：全国学会投资收益的真实性一方面取决于学会对外披露的完整性和真实性，另一方面取决于被投资主体的经营状况及核算方法。少数学会通过“前公司后学会”的方式，将资源、资产、资金转移到被投资公司进行使用和分配。这就导致除了相关财务风险以外，学会和会员的合法权益也受到损害。

案例解析：某学会出资设立公司后，对被投资公司具有共同控制权，随后学会将部分资源转移到被投资单位双方共用，其投资收益按照成本法进行核算。其一，该学会与被投资公司之间存在“不公允”交易，对外投资存在明显的利益输送风险和问题。其二，如果民间非营利组织对被投资单位具有控制、共同控制或重大影响，应当按照《民间非营利组织会计制度》第二十七条的规定采用权益法进行核算，作为当期投资收益。

第六章 应制定的财务制度内容要点

105. 财务内部控制制度

一是部门组织架构。应具体包括：财务部门在学会整体架构中的位置和关系、全国学会财务管理工作的最高负责人、财务部门内部的岗位设置和分支机构、投资单位等财务管理架构等。

二是部门工作职责。应具体包括：预算管理、投融资管理、财政资金管理、涉企收费管理、成本与费用管理、税务管理、关联交易管理、资产与股权管理、财务绩效管理、业务与项目管理等职责内容及其细则。

三是财务管理制度。应具体包括：费用报销管理办法、资产管理办法、会计核算规范管理办法、会计档案管理办法、货币资金管理办法、涉企收费（含会费）管理办法、分支机构财务管理办法、票据及财务印鉴管理办法、财务人员工作交接管理办法等具体管理办法。学会可结合自身的业务特点和管控重点进一步丰富完善。

四是财务审批流程。应具体包括：借款（公务或个人）审批流程、费用报销流程、财政资金使用流程、会费收取和使用流程、重大款项支付流程、资产采购与处置审批流程、分支机构财务管理流程等。

五是引导保障措施。应具体包括：应尽快将财务管理信息化纳入工作规划，积极配合中国科协全面推进学会财务管理信息化建设；积极组织财务管理培训。全国学会应把财务管理培训作为基础性工作常抓不懈，积极组织财务人员轮训，促进学会财务人员业务能力提升；积极配合中国科协定期组织的财务内控风险防控专项检查，对发现的问题进行认真整改。

106. 治理机构参与财务决策办法

一是会员（代表）大会。应具体包括：须会员（代表）大会参与财务决策的内容、会员（代表）大会参与财务决策的流程、会员（代表）大会参与财务决策的议事规则和会员（代表）大会参与财务决策的监督等。其中，会员会费标准的制定和修改应由会员（代表）大会决策。

二是理事会（常务理事会）。应具体包括：由会员（代表）大会授权或根据章程规定，应当由理事会（常务理事会）参与财务决策的内容、理事会（常务理事会）参与财务决策的流程、理事会（常务理事会）参与财务决策的议事规则、理事会（常务理事会）参与财务决策的监督，以及学会章程中规定的其他应由理事会（常务理事会）决策的其他财务事项等。特别要厘清理事会（常务理事会）财务决策与会员（代表）大会财务事项决议和执行机构执行财务决策之间的关系和界限。其中，财务决策管理制度的制定和修改、工资总额预算一般应由理事会（常务理事会）决策；如确有必要也可由会员（代表）大会决策。重要财务管理制度的制定和修改，薪酬管理制度的制定和修改，接受大额捐赠，大额资产租赁、购置、出租、出借和处置，年度预算、年度财务报告审定，对外投资，对外财务信息披露等重大财务事项由理事会（常务理事会）决策即可。

三是监事会。应具体包括：监事会（监事）应列席理事会（常务理事会）重大财务决策的事项清单、提升财务管理水平建议的流程、开展日常财务监督与审查的流程、对理事会（常务理事会）财务决策事项的论证与反馈流程、筛查财务管理盲点弱项及提出意见的流程、发现重大风险事项或违规事项的报告与救济流程等。

107. 党组织对重大财务事项的领导办法

一是前置程序。应具体包括：须明确已建立党组织的全国学会，应将党组织研究讨论作为理事会（常务理事会）、理事长（会长）办公会、秘书长办公会决策重大财务事项的前置程序。但应明确界定重大财务事项的范围和标准。

二是补充措施。应具体包括：全国学会党组织书记同时兼任理事长（会长）的前置程序可以适当简化；对于无党组织但有党员的全国学会，按照监事的选任标准和监事会的议事规则，尽量由党员担任监事长；对于无党组织、无党员的全国学会，可由群团组织的负责人行使相关职能。

108. 财务部门工作职责

一是职责范围。应具体包括：预算管理、投资管理、财政资金管理、涉企收费管理、支出管理、票据管理、税务管理、资产管理、项目管理、档案管理等日常工作内容；财务绩效管理、岗位职责管理、教育培训、信息化等部门内部管理工作内容。

二是任职管理。应具体包括：会计不得兼任出纳，出纳不得兼管稽核、会计档案保管和收入、支出、费用、债权债务账目的登记工作；理事会（常务理事会）、监事会成员及其直系亲属不得担任或兼任本学会会计人员；办事机构负责人及其直系亲属不得担任或兼任本学会会计人员；会计机构负责人、会计主管人员的直系亲属不得在本学会担任出纳。

三是信息化管理。应具体包括：将财务管理信息化纳入工作规划，积极配合中国科协全面推进学会财务管理信息化建设；已建设各类财务信息系统，须制定系统操作规范，明确系统使用权限和数据管理流程，建立信息备份和数据安全管理机制。

四是培训管理。应具体包括：把财务管理培训作为基础性工作常抓不懈，积极组织财务人员轮训，促进学会财务人员业务能力提升；为财务人员参加业务培训、继续教育等提供更加便利的条件，支持财务人员参加中国科协举办的各类业务培训。

五是监督管理。应具体包括：积极配合中国科协定期组织的财务内控风险防控专项检查，对发现的问题进行认真的整改；坚决落实中央八项规定精神；对涉及违规违纪的人员，按照相关规定移交纪检监察部门处理；构成违法犯罪的，按照有关法律规定移交司法机关处理。

109. 财务负责人岗位职责

一是职责描述。应具体包括：在学会理事会（常务理事会）和执行机构负责人领导下，负责学会整体的财务会计工作；严格遵守有关纪律法规；协助学会执行机构负责人做好财务内控工作。

二是职责内容。应具体包括：组织制定和实施财务制度和相应的细则；对其中出现的问题及时制止、纠正；发现严重违规行为应及时向执行机构负责人汇报；负责监督、检查各项财务计划执行情况，提出财务分析报告，并提出加强运营管理和财务管理的建议；参与审查、拟订重要业务合同、协议；掌握税收政策，负责与税收机关的协调；负责指导、管理、监督下属人员的日常工作，改善工作质量和服务态度，做好绩效考核和奖励惩罚工作；负责项目成本核算与控制；向执行机构负责人提供财务报告和必要的财务分析。

三是管理权限。应具体包括：经授权后负责各部门的经费支出有总体控制权；对下属人员有业务指导权和考核权；对各部门财务计划的执行情况有检查和考核权；对违反财经纪律、不符合财务制度的费用开支有权拒绝。

110. 财务会计岗位职责

一是职责描述。应具体包括：根据相关法律法规、会计基础工作规范和内部财务管理控制的要求，负责财务会计的核算工作；总体设计会计核算科目和预算项目，强化内部会计核算和预算管理。

二是职责内容。应具体包括：负责管理会计信息化系统，对账务数据定期进行备份，确保财务数据的安全；定期对系统进行病毒检测，及时有效地采取防范措施，保证系统的正常运行；每日及时把好会计凭证审核关；在审核当中如发现口径有不一致的事项，要及时予以提出和纠正；做好财产物资、债权债务的对账工作，保证账证相符、账账相符和账实相符，确保会计记录的正确无误。

三是职责权限。应具体包括：定期检查分析单位预算执行情况；定期提出资金活动情况分析和改进财务工作的建议措施；参与学会经济管理和重大经济项目论证、决策工作；定期检查学会预算执行情况，申请用款计划，进行经费的领拨、解缴、管理、使用；按月核定人员、工资基数，按程序进行预算调整；加强学会票据管理，建立健全票据发放、缴销工作制度，严格按核算内容使用票据；认真做好学会日常会计核算工作，做好总账、往来账、收入和支出明细账、固定资产账等登记工作；指导、督促、检查出纳人员办理日常会计事务；严格执行财务制度规定的各项开支范围和开支标准，履行会计监督职能；对不真实、不合法的原始凭证不予受理，对违反财务制度的收支活动不予办理；按月编制经费收支月报表、年度决算表，做到数字真实、计算准确、内容完整、章印齐全、报送及时；妥善保管会计凭证、账簿、报表、印鉴、财务公章、票据等资料，按规定要求及时归档。

111. 审计岗位职责

一是职责描述。应具体包括：在学会治理机构的直接领导下，负责学会、分支机构和控股公司的审计工作；按照规定，审计报送的财务收支计划、资金计划、财务预算、财务决算、账目、凭证、账簿、报表等资料；检查资金、资产管理及使用等情况。

二是职责内容。应具体包括：负责学会常规年度财务审计管理工作；根据治理机构要求，开展过程审计或专项审计；向治理机构提交审计工作计划和审计报告；对审计报告的正确性、可靠性、合理性负责，按时完成审计工作任务；对被审对象提供的有关资料负有保密责任。

三是职责权限。应具体包括：评审学会内部控制制度的健全性和有效性以及风险管理；检查企业内部控制制度的执行情况，并对其有效性、合理性、经济性进行评价；为学会优化财务管理提出审计意见和建议；跟踪学会的业务活动情况，防错纠弊；对学会的重大项目、重大支出、对外投资等业务活动和重要的业务合同等进行审计监督；对审计中有关事项及审计中发现的问题召开调查会，索取证明材料，并提出制止、纠正违反学会制度规定等事项的意见，及提出改进的工作建议；对阻挠、拒绝审计和弄虚作假、破坏审计工作的被审计对象，提请治理机构批准后，采取必要的临时措施，提出追究被审计对象的责任的建议；协助监事会工作；负责组织、联系、协调、外引审计资源服务等管理工作；制定审计管理制度；对本部门内部档案资料的安全、完整、保密负责。

112. 出纳岗位职责

一是职责描述。应具体包括：认真学习和贯彻执行国家、中国科协有关财经的法律法规、政策规范；遵守《中华人民共和国会计法》的规定；严格执行国家颁布的《民间非营利组织会计制度》《会计基础工作规范》等有关财务会计工作的各项制度。

二是现金职责内容。应具体包括：按规定设置现金日记账，收付现金须及时逐笔登记，做到账款相符；现金开支需符合规定范围，不属于现金开支范围的业务应通过银行办理转账结算；严格执行库存现金限额管理规定，超过库存限额的现金应及时存入银行。

三是存款职责内容。应具体包括：按规定设置银行存款日记账，做好银行存款、取款和结算工作，并及时逐笔登记；熟悉银行各种付款方式和凭证填制，严格按照银行存款管理规定办理银行结算业务；按月核对银行账户及存款余额，编制银行存款余额调节表，使银行存款账面余额与银行对账单调节相符。

四是票据职责内容。应具体包括：按规定做好银行结算票据的登记、领购、填制、保管、回收、缴销工作；借用转账票据要在借款单上注明票据编号，每月终了前，认真清理催办借出银行结算票据，防止丢失或长期不办理报账手续。

五是印章职责内容。应具体包括：严格按规定管理财务印章，妥善保管本基金会财务专用章和现金收讫、现金付讫、转账收讫、转账付讫等相关印章。

六是账簿职责内容。应具体包括：严格执行《会计档案管理办法》，妥善保管银行存款日记账簿、现金日记账簿等会计档案资料，并在工作调动、岗位调整时按规定办理交接手续。

七是职责权限。积极宣传、维护相关制度和纪律；预防违法违纪行为发生；拒绝办理违反财务规定的各种结算、报销业务；应具体包括：严禁挪用公款和白条抵库。

113. 财务决策管理办法

一是构建制衡体系。应具体包括：明确理事会（常务理事会）决策职责、办事机构执行职责和监事会（监事）监督职责；监事会（监事）应列席重大财务事项决策，定期检查财务管理情况；理事长（会长）办公会、执行机构办公会应按照民主集中制原则，对重要财务事项实行集体领导、集体决策。

二是明确议事规则。应具体包括：会员会费标准的制定和修改应由会员（代表）大会决策；财务决策管理制度的制定和修改、工资总额预算应由会员（代表）大会或理事会决策；重要财务管理制度的制定和修改，薪酬管理制度的制定和修改，接受大额捐赠，大额资产租赁、购置、出租、出借和处置，年度预算、年度财务报告审定，对外投资，对外财务信息披露等重大财务事项应由会员（代表）大会或理事会（常务理事会）决策。

三是完善信息公开。应具体包括：建立完善财务信息公开制度；通过特定的媒介或方式，主动定期向社会公开财务信息，不得有虚假记载、误导性陈述或重大遗漏，保证信息公开真实、准确、完整、及时；定期向理事会（常务理事会）、监事会（监事）和会员（代表）大会报告财务状况，定期向中国科协报送年度财务报告。

114. 预算管理办法

一是预算审批。应具体包括：年度预算应由理事会（常务理事会）批准或确认，并严格执行；可将全部收支纳入年度预算；对年度预算内资金实行责任人限额审批。

二是预算调整。应具体包括：明确年度预算调整程序和权限；年度预算内调整可由执行机构集体决策；年度预算之外的支出事项，由执行机构集体研究提出，并经理事会（常务理事会）确认后补充编入年度预算。

三是执行报告。应具体包括：年度预算执行情况向理事会（常务理事会）报告的频次和期限；年度预算执行情况向监事会（监事）报告的频次和期限；年度预算执行中无预算支出、超预算支出等情况。

115. 收入（收费）管理办法

一是管理目标。应具体包括：收入（收费）应符合章程规定的宗旨和业务范围；将全部收入纳入法定账户统一管理，严格执行“收支两条线”政策；严禁账外建账或坐收坐支，杜绝“小金库”；不得以任何方式强制企业或者个人入会、摊派会费、派捐索捐、强拉赞助。

二是用途约束。应具体包括：收入必须全部用于章程规定的非营利性事业；除列支经营管理、开展业务活动等必要成本及与学会有关的其他合理支出外，盈余不得分配。

三是核算要求。应具体包括：按民间非营利组织会计制度正确核算收入；按类别及时、完整、准确核算各类收入；准确区分政府补助收入和经营服务性收入；不得长期挂账、跨期核算。

四是会费收入。应具体包括：会员会费标准的制定或修改应由全国学会会员（代表）大会表决通过；会员会费标准的额度应当明确，不得具有浮动性。

五是捐赠收入。应具体包括：接受捐赠应坚持自愿和无偿原则，且须符合本章程规定的宗旨和业务范围；须向捐赠人出具合法有效的公益事业捐赠票据；接受大额捐赠时，须与捐赠人订立捐赠合同，捐赠合同约定的用途应当符合章程规定的业务范围；接受捐赠情况应主动定期向社会公开。

六是服务收入。应具体包括：经营服务性收费应遵循自愿、公平、公开的原则；不得具有强制性、垄断性；不得转包或委托与学会负责人、分支机构负责人有直接利益关系的个人或组织实施；收费标准应向社会公示。

七是涉企收入。应具体包括：不得违规向企业收费；向企业收取单位会员会费的，应遵循自愿原则；不得强制企业入会、摊派会费；接受企业捐赠的，应遵循自愿、无偿原则；不得向企业派捐索捐；向企业收取经营服务性收费的，应遵循自愿、公平、公开原则；不得向企业强拉赞助。

八是经费收入。应具体包括：经费收入不得与行政机关及企事业单位混管；收入不得用于弥补其他行政事业单位经费不足；不得发放其他行政事业单位工作人员各项补贴。

九是禁止规定。应具体包括：不得利用行政机关影响或行政资源牟利；不得借行政机关的登记、验证、年检等行政行为搭车收费；不得利用所掌握的会员信息、行业数据、捐赠人和受赠人信息等不当牟利。

116. 报销管理办法

一是管理目的。应具体包括：规范费用报销行为；减少不必要的开支；有效利用和控制资金；明确每笔支出的授权方式、审批权限、程序、责任和相关控制措施；对经办人、支出审批人的职责和工作要求进行规定。

二是管理内容。应具体包括：差旅费报销管理、车辆使用费报销管理、交通费报销管理、业务费报销管理、通信费报销管理、办公费报销管理、个人借款管理等内容。

三是管理禁止。应具体包括：严禁未经请款审批的报销；严禁与审批用途不符的报销；严禁用虚假发票或业务不真实的发票报销；严禁超出支出标准的报销。

117. 薪酬管理办法

一是管理内容。应具体包括：学会工作人员薪酬支付原则、薪酬水平、薪酬结构、薪酬构成确定、分配和调整；薪酬管理制度的制定和修改列为理事会（常务理事会）决策事项；薪酬管理情况应定期向会员（代表）大会报告。

二是管理原则。应具体包括：按有关规定自主制定学会工作人员薪酬标准，充分体现学会的非营利性；在学会工作的劳务派遣人员、纳入行政事业编制人员的薪酬按照国家相关规定执行；薪酬水平应与办事机构所在地的经济发展水平相协调、与学会事业发展相适应；根据办事机构所在地上一年度城镇单位就业人员平均工资水平确定学会专职工作人员起薪水平。

三是预算管理。应具体包括：将工资总额预算纳入年度预算，经会员（代表）大会或理事会批准后严格执行，不得超提超发薪酬；专职工作人员平均工资水平，一般不宜超过办事机构所在地上一年度同行业同类组织平均工资水平的 2 倍。

四是绩效管理。应具体包括：专职人员的薪酬一般由基础工资、绩效工资、津贴和补贴等部分构成；绩效工资与其个人业绩紧密挂钩；科学评价不同岗位人员的贡献，合理拉开收入差距，做到收入能增能减和奖惩分明。

五是岗位管理。应具体包括：合理设置不同岗位、不同层级之间的薪酬结构；对关键岗位和核心人才，以及有突出贡献的学会工作人员加大激励力度。

六是核算管理。应具体包括：行政管理人员的薪酬应列入管理费用，不得列入业务活动成本；向工作人员支付工资时，应提供工资清单。

七是工资管理。应具体包括：通过市场化选聘和管理的学会办事机构负责人、引进的急需紧缺专业人才的薪酬水平，可结合学会自身发展实际，参照市场的人力资源部门公布的薪酬水平或双方协商确定；非市场化选聘和管理的全国学会负责人（包括组织委派）工资水平不得超过上一年度本学会专职工作人员平均工资的 4 倍。

八是险金管理。应具体包括：按规定为学会专职工作人员缴存社会保险和住房公积金；可为学会专职工作人员建立企业年金及其他补充保险。

九是加班管理。应具体包括：严格执行国家规定的劳动定额标准；安排工作人员加班的，应当给予相应的补休；不能补休的应按照国家有关规定支付加班费。

十是兼职管理。应具体包括：兼任理事长（会长）、副理事长（副会长）、监事长、监事、秘书长、副秘书长的人员，且无限制性规定的，可按规定标准领取薪酬；未领取薪酬的，可适当安排工作经费，但不得超过规定标准和实际支出。

十一是干部管理。应具体包括：党政机关领导干部、退（离）休领导干部、公务员和国有独资企业、国有控股企业（含国有独资金融企业和国有控股金融企业）及其分支机构的领导班子成员，在全国学会兼任高级管理职务的，不得领取任何报酬；确需全国学会安排工作经费的，应向批准兼职的有关机关报备，且不得超过规定标准和实际支出；退（离）休领导干部兼职不得领取薪酬、奖金、津贴等兼职报酬和获取其他额外利益，也不得领取各种名目的补贴等；确需安排工作经费的，应从严控制，且不得超过规定标准和实际支出。

118. 劳务费支出管理办法

一是费用类型。应具体包括：咨询费、学术专题报告费、讲课费、评审费、材料撰写费、翻译费、编辑费、编审费、调研费等。

二是支付对象。应具体包括：劳务费发放对象为向本学会提供服务且与本学会未订立劳动合同的专家、在读研究生、访问学者、项目临时人员等；与学会订立劳动合同的专（兼）职人员，不应以任何形式在本学会领取劳务费，但稿酬（稿费）不在此限。

三是支付标准。应具体包括：按规定计入政府补助收入科目的财政项目资金，在支付劳务费时，应按照国家有关规定和财政项目委托单位制定的劳务支出标准执行；按规定计入政府补助收入科目之外的财政项目资金，财政项目委托单位有明确约定的，应按其约定执行，没有明确约定的，可按照自主制定的劳务支出标准执行。未包含在劳务支出标准中的费用，可参考《中国科协所属全国学会财务管理指引大纲》规定标准发放；向诺贝尔奖得主，或者相当于诺贝尔奖的国际知名科技大奖（如菲尔兹奖、图灵奖、狄拉克奖等）得主，国际知名学者、专家等发放劳务费的，应“一事一议”，严格按照本学会财务决策程序报批后执行。

四是支付途径。应具体包括：支付境内人员劳务费的，应通过本学会银行账户转账；支付境外人员劳务费的，一般应通过本学会银行账户外汇专户办理境外汇款。

五是禁止规定。在学会兼任理事长（会长）、副理事长（副会长）、监事长、监事、秘书长、副秘书长的人员，已在本学会领取薪酬的，不得以任何形式领取劳务费，稿酬（稿费）不在此限；没有在本学会领取薪酬的，也不得以所兼任职务为由领取劳务费，但以专家身份为学会提供兼任职务之外的专业技术或学术交流服务时，可以按规定标准据实领取劳务费；内部兼职人员领取劳务费的情况应向会员（代表）大会公开。党政机关领导干部、退（离）休领导干部、公务员和国有独资企业、国有控股企业（含国有独资金融企业和国有控股金融企业）及其分支机构的领导班子成员，在全国学会兼任学会内部职务的，按规定不得领取任何报酬。

六是稿酬（稿费）。应具体包括：专指新闻、出版机构在文稿、书稿、译稿采用后付给著译者的劳动报酬；学会支付稿酬（稿费）的，按国家有关规定执行。

119. 培训费支出管理办法

一是管理标准。应具体包括：业务技能培训、职业道德培训等学会内部培训，涉及的住宿、餐饮、场地租赁等有市场公开报价的采购事项，采购价格一般不宜超过公开报价。

二是管理范围。应具体包括：支出范围必须是开展培训直接发生的各项费用支出，包括师资费、住宿费、伙食费、场地费、资料费、交通费以及其他费用；讲师职称须与讲课费标准匹配。

三是禁止管理。应具体包括：严禁使用培训费购置电脑、复印机、打印机、传真机等固定资产以及开支与培训无关的其他费用；严禁在培训费中列支公务接待费、会议费；严禁用虚假发票或业务不真实的发票报销培训费用。

120. 会议费支出管理办法

一是管理标准。应具体包括：会员（代表）大会、全体理事会议、常务理事会议等，涉及的住宿、餐饮、场地租赁等有市场公开报价的采购事项，采购价格一般不宜超过公开报价。

二是管理要求。应具体包括：所有会议必须纳入学会的年度会议计划；会议费纳入部门预算单独列示，并要求会议费预算细化到具体会议项目；严格会议费报销和支付管理；建立会议费公示制度和会议年度报告制度；尽可能压缩会期、控制参会人员数量；提倡充分运用电视电话、网络视频等现代信息技术手段召开会议；不得组织会议代表旅游及与会议无关的参观；严禁组织高消费娱乐和健身活动等。

三是管理内容。应具体包括：会议费预算要细化到具体项目或管理活动中，并单独列示；编制会议费预算时，将可能发生的住宿费、伙食费、场地租金、交通费、印刷费、医药费等列入；会议费由会议召开单位承担，不得向参会人员收取，不得以任何方式向下属机构、企事业单位、地方转嫁或摊派；会议费报销时应当提供会议审批文件、会议通知及实际参会人员签到表、饭店等会议服务单位提供的费用原始明细单据、电子结算单等凭证。

四是禁止管理。应具体包括：严禁使用会议费购置电脑、复印机、打印机、传真机等固定资产以及开支与本次会议无关的其他费用；严禁在会议费、培训费、接待费中列支风景名胜区等各类旅游景点门票费、导游费、景区内设施使用费、往返景区交通费等应由个人承担的费用。

121. 差旅费支出管理办法

一是管理标准。应具体包括：城际交通费应参照《中央国家机关差旅费管理办法》规定的交通工具等级确定；住宿费应参照中央和国家机关工作人员赴地方差旅住宿费标准执行；高级专业技术职称专家可参照“司局级及相当职务人员”标准执行，院士及国内知名专家可参照“部级及相当职务人员”标准执行；工作人员出差期间，可按每人每天 100 元领取伙食补助；市内交通费可据实报销。

二是管理内容。应具体包括：出差人员应当按规定等级乘坐交通工具，未按规定等级乘坐交通工具的，超支部分由个人自理；出差人员应当在职务级别对应的住宿费标准限额内，选择安全、经济、便捷的宾馆住宿；伙食补助费按出差自然（日历）天数计算，按规定标准包干使用。

三是禁止管理。应具体包括：出差人员应当严格按规定开支差旅费，费用由所在单位承担，不得向下级单位、企业或其他单位转嫁；实际发生住宿而无住宿费发票的，不得报销住宿费以及城市间交通费、伙食补助费和市内交通费。严禁变相旅游，不得接受礼品；严禁无实质内容、无明确公务目的的差旅活动；严禁以任何名义和方式变相旅游；严禁异地部门间无实质内容的学习交流和考察调研；严禁在出差期间接受违反规定用公款支付的宴请、游览和非工作需要的参观；严禁接受礼品、礼金和土特产品等。

四是出国管理。应具体包括：国外出差应该理由充分，并经理事会（常务理事会）批准；因公临时出国购买机票，须经执行机构负责人和财务部门审批同意；机票款由本单位银行转账方式支付，不得以现金支付；国外出差人员应当严格按照规定安排住宿；外方以现金或实物形式提供伙食费和公杂费接待代表团组的，国外出差人员不得再领取伙食费和公杂费。

122. 税收政策执行管理办法

一是管理目标。应具体包括：认真学习并按照国家相关法律规定，依法纳税，依法享受税收优惠；除税收相关法律法规规定不予征税或免税的，学会的各项收入（收费），都应到指定税务主管部门领取和使用相关税务发票，依法纳税。

二是优惠管理。应具体包括：会员会费收入可按规定免征增值税；接受公益事业捐赠收入可按规定免征增值税；取得的按规定应计入政府补助收入科目的收入按规定无须缴纳增值税；按照核定的预算和经费报领关系收到的由财政部门或上级单位拨入的财政补助收入可按规定不征企业所得税；学会符合小型微利企业条件的按规定享受小型微利企业所得税优惠。取得非营利组织免税资格的学会接受其他单位或者个人捐赠的收入，按照省级以上民政、财政部门规定收取的会费为免税收入。

三是资格管理。应具体包括：符合规定条件时应申请企业所得税免税资格认定。申请时须同时提供规定条件的佐证材料：（1）证明学会从事公益性或者非营利性活动；（2）证明取得的收入除用于与该组织有关的、合理的支出外，全部用于登记核定或者章程规定的公益性或者非营利性事业；（3）证明财产及其孳息未用于分配，但不包括合理的工资薪金支出；（4）证明工作人员平均工资薪金水平未超过税务登记所在地的地市级（含地市级）以上地区的同行业同类组织平均工资水平的2倍，工作人员福利按照国家有关规定执行；（5）证明取得的应纳税收入及其有关的成本、费用、损失应与免税收入及其有关的成本、费用、损失分别核算。

123. 对外投资管理办法

一是管理对象。应具体包括：以货币资金、实物资产、无形资产等方式或以购买股票、债券等有价证券的方式，向其他经济实体进行的投资行为。对于全国学会而言，还包括《〈民间非营利组织会计制度〉若干问题的解释》规定的因接受股权捐赠形成的表决权、分红权与股权比例不一致的长期股权投资。

二是程序管理。应具体包括：将对外投资纳入年度预算管理；将投资项目可行性研究或专家论证作为前置程序；将对外投资情况定期向理事会（常务理事会）、监事会（监事）报告，并主动向社会公开。

三是核算管理。按民间非营利组织会计制度规定的核算要求进行准确核算；建立对外投资项目档案，加强跟踪管理，及时掌握被投资单位的经营状况、财务状况等；学会对被投资单位有控制权或者有实质上的控制权的，应当视管理需要编制合并会计报表。

四是资产管理。应具体包括：及时收回或处置到期投资资产；到期不能收回的投资资产，应参照行政事业单位资产清查核实认定标准进行认定，在经过理事会（常务理事会）批准后，按《民间非营利组织会计制度》核算要求进行账务处理。

124. 分支机构财务管理办法

一是管理对象。应具体包括：根据开展活动的需要，依据业务范围划分或者会员组成的特点而设立的专门从事某项活动的机构；不包括按规定不得设立的地域性分支机构和在分支机构下再设立的分支机构。

二是管理要求。应具体包括：开展活动应当符合章程规定的宗旨和业务范围；不得以分支机构名义签订任何形式的经济合同；未经学会授权或批准，分支机构不得与其他民事主体开展合作活动；分支机构开展活动需要签订经济合同的，应由全国学会统一签署并加盖全国学会公章（或合同专用章）。

三是收支管理。应具体包括：分支机构全部收支纳入学会账户统一管理、统一核算，不得记入其他单位、组织或个人账户。分支机构不得开设独立的银行账户，不得单独制定会费标准，不得自行接受捐赠收入，不得截留会费收入和捐赠收入。

四是规范管理。应具体包括：鼓励和指导分支机构制订年度活动计划、编制年度预算；不得向其分支机构收取或变相收取管理费用，不得将分支机构委托其他组织运营。

125. 大型学术交流活动财务管理办法

一是管理目标。应具体包括：举办大型学术交流活动应符合章程规定的宗旨和业务范围；严格贯彻落实中央八项规定精神；厉行节约，勤俭办事，不得铺张浪费；应提前制订活动计划，合理确定活动规模；从严控制活动成本，努力提高活动资金使用效益。

二是管理要求。应具体包括：活动有多个主办、承办单位的，应以书面协议方式确定相关权利义务；学会如作为主办单位应当对活动收入如实入账，不得向承办方或协办方以任何形式收取费用；活动的收支核算应符合会计制度和账户管理规定，严格执行“收支两条线”规定，不得坐收坐支，不得账外核算，杜绝“小金库”；在举办大型学术交流活动前，公开活动收费范围、标准，且不得随意更改，活动期间不得以任何形式强制服务和强制收费。

三是采购管理。应具体包括：涉及的采购事项，可采取竞争性方式确定供应商，其中技术复杂的应引入专家论证、第三方评估等机制；对采购金额较大的，可参考政府采购规定的公开招标、邀请招标、竞争性磋商、竞争性谈判、询价、单一来源等采购方式，简化操作程序、优化内部流程，自主制定本学会采购操作规程，并严格依据采购操作规程自行组织实施；对采购金额较小的，可按照“事前授权、事后报告”的原则进行授权管理；涉及的住宿、餐饮、场地租赁等有市场公开报价的采购事项，采购价格一般不宜超过公开报价。

四是合同管理。应具体包括：涉及的合同事项，原则上应在活动开始前协商签订；明确双方权利义务关系，约定收付款方式、条件、时间和金额；可提前制定大型学术交流活动主要收支事项的合同范本，规范合同管理。

五是支出管理。应具体包括：据实报销各类费用，不得列支与活动无关支出，不得超预算支出；活动期间遇到计划外的特殊支出事项，应严格履行内部审批或授权程序。

六是禁止管理。应具体包括：举办评比达标表彰活动一般应在会员范围内开展，坚持“谁举办、谁出钱”的原则，不得以营利为目的，不得将活动委托营利机构主办或承办；不得收取任何费用或变相收取费用，不得在事后组织要求参与对象出钱出物的活动；不得面向基层政府主办，不得超出登记的活动地域、活动领域和业务范围举办。委托其他组织承办或者协办的，应加强对活动的主导和监督，不得向承办方或者协办方收取任何费用或变相收取费用。不得利用党政机关名义举办，不得进行与收费挂钩的品牌推介、成果发布、论文发表等活动，不得借机变相公款消费、旅游，不得发放礼金、礼品、贵重纪念品和各种有价证券、支付凭证。

126. 发票和财政票据管理办法

一是管理内容。应具体包括：依据国家有关规定，规范各类发票和财政票据领购、发放、使用、保管、核销、销毁等行为；建立发票和财政票据使用登记制度，设置票据管理台账，按规定向财税部门报送票据使用情况。

二是开具管理。应具体包括：开展经营服务取得的收入，在增值税纳税义务发生时，应开具增值税发票；在向会员收取会费时，应开具社会团体会费票据；暂收、代收性质的财政资金，以及学会内部资金往来结算时，应开具资金往来结算票据；依法接受公益性捐赠的，应在收款时开具公益事业捐赠票据；依法收取政府非税收入或者从事非营利性活动收取财物时可按规定开具财政票据。

三是期限管理。应具体包括：发票和财政票据存根保存 5 年及以上，销毁须经财税部门查验或批准。

四是禁止管理。应具体包括：社会团体会费票据和公益事业捐赠票据不得用于其他用途；未发生经营业务不得开具发票。

127. 财政项目管理办法

一是管理目标。严格执行项目进度安排，严格专款专用和专账管理，不得挤占、挪用、截留和滞留财政项目资金。

二是管理对象。应具体包括：中央财政安排中央和国家有关部门完成公共服务和事业发展目标的项目，不含基本建设类、转移支付类项目；从中国科协机关各部门、各直属事业单位承接的项目均为财政项目，应准确区分为资助类项目和采购类项目分别进行管理。资助类项目是指中国科协项目实施部门（单位）主要通过申报评审等方式，支持全国学会等相关单位开展相关业务活动、提供公共服务等事项的财政项目，该类项目事权是以受资助单位为主的共同事权。

三是资金管理。应具体包括：收到资助项目资金时应按规定计入政府补助收入科目，无须开具发票；项目内容发生重大调整的，应向中国科协项目实施部门（单位）履行报批手续；项目内预算调整的，应报经中国科协项目实施部门（单位）同意，在结项验收时作出说明；项目资金需要结转的，应向中国科协项目实施部门（单位）履行报批手续；项目资金结余的，应按规定及时交由中国科协上缴国库；按照国家和中国科协有关项目管理规定，以项目任务书为依据，接受中国科协项目实施部门（单位）对项目实施成果、项目资金使用情况进行的“双验收”。项目资金中不得列支：应纳入财政预算单位基本支出预算开支的各项费用；中国科协机关各部门、各直属事业单位在职的编制内人员的劳务费（不含稿酬、讲课费）；罚款、还贷、捐赠、赞助、对外投资等费用；应列支基建支出的费用；与项目实施无关的费用；国家财政财务规定不能列支的其他费用。

四是管理要求。应具体包括：采购类项目，收到项目资金时应按规定计入提供服务收入科目（或商品销售收入科目等），且须开具相应发票；按照国家和中国科协有关项目管理规定，以项目合同书为依据，接受中国科协项目实施部门（单位）对学会交付货物、提供服务、完成施工等相关履约情况进行验收。

128. 会计档案管理办法

一是管理对象。应具体包括：会计凭证（包括原始凭证、记账凭证）、会计账簿（包括总账、明细账、日记账、固定资产卡片及其他辅助性账簿）、财务会计报告（包括月度、季度、半年度、年度财务会计报告）、其他会计资料（包括银行存款余额调节表、银行对账单、纳税申报表、会计档案移交清册、会计档案保管清册、会计档案销毁清册、会计档案鉴定意见书及其他具有保存价值的会计资料）和满足规定条件的电子会计资料必须归档管理。

二是年限管理。应具体包括：永久保管的会计档案包括年度财务会计报告、会计档案保管清册、会计档案销毁清册、会计档案鉴定意见书；保管30年的会计档案包括原始凭证、记账凭证、总账、明细账、日记账、其他辅助性账簿、会计档案移交清册；保管10年的会计档案包括月度、季度、半年度财务会计报告，银行存款余额调节表、银行对账单、纳税申报表；固定资产卡片须在固定资产报废清理后保管5年；临时保管会计档案最长不超过3年。

三是处置管理。应具体包括：会计档案查阅、复制、借出时须严格履行登记手续，严禁篡改和损坏，一般不得对外借出，不得交由学会工作人员放在家中保管；定期对已到保管期限的会计档案进行鉴定，并形成会计档案鉴定意见；经鉴定可以销毁的会计档案，应按规定程序销毁。

附录

财政部关于印发《民间非营利组织会计制度》的通知

财会〔2004〕7号

国务院有关部委、有关直属机构，各省、自治区、直辖市、计划单列市财政厅（局），新疆生产建设兵团财务局：

为了规范民间非营利组织的会计核算，提高会计信息质量，根据《中华人民共和国会计法》以及国家有关法律、行政法规，我部制定了《民间非营利组织会计制度》，现印发给你们，于2005年1月1日起执行。执行中有何问题，请及时反馈我部。

财政部

2004年8月18日

民间非营利组织会计制度

第一章　总　则

第一条　为了规范民间非营利组织的会计核算，保证会计信息的真实、完整，根据《中华人民共和国会计法》及国家其他有关法律、法规的规定，制定本制度。

第二条 本制度适用于在中华人民共和国境内依法设立的符合本制度规定特征的民间非营利组织。民间非营利组织包括依照国家法律、行政法规登记的社会团体、基金会、民办非企业单位和寺院、宫观、清真寺、教堂等。

适用本制度的民间非营利组织应当同时具备以下特征：

（一）该组织不以营利为目的和宗旨；

（二）资源提供者向该组织投入资源并不得以取得经济回报为目的；

（三）资源提供者不享有该组织的所有权。

第三条 会计核算应当以民间非营利组织的交易或者事项为对象，记录和反映该组织本身的各项经济业务活动。

第四条 会计核算应当以民间非营利组织的持续经营为前提。

第五条 会计核算应当划分会计期间，分期结算账目和编制财务会计报告。

第六条 会计核算应当以人民币作为记账本位币。业务收支以人民币以外的货币为主的民间非营利组织，可以选定其中一种货币作为记账本位币，但是编制的财务会计报告应当折算为人民币。

民间非营利组织在核算外币业务时，应当设置相应的外币账户。外币账户包括外币现金、外币银行存款、以外币结算的债权和债务账户等，这些账户应当与非外币的各该相同账户分别设置，并分别核算。

民间非营利组织发生外币业务时，应当将有关外币金额折算为记账本位币金额记账。除另有规定外，所有与外币业务有关的账户，应当采用业务发生时的汇率。当汇率波动较小时，也可以采用业务发生当期期初的汇率进行折算。

各种外币账户的外币余额，期末时应当按照期末汇率折合为记账本位币。按照期末汇率折合的记账本位币金额与账面记账本位币金额之间的差额，作为汇兑损益计入当期费用。但是，属于在借款费用应予资本化的期间内发生的与购建固定资产有关的外币专门借款本金及其利息所产生的汇兑差额，应当予以资本化，计入固定资产成本。借款费用应予资本化的期间依照本制度第三十五条加以确定。

本制度所称外币业务，是指以记账本位币以外的货币进行的款项收付、往来结算等业务。

本制度所称的专门借款，是指为购建固定资产而专门借入的款项。

第七条 会计核算应当以权责发生制为基础。

第八条 民间非营利组织在会计核算时，应当遵循以下基本原则：

（一）会计核算应当以实际发生的交易或者事项为依据，如实反映民间非营利组织的财务状况、业务活动情况和现金流量等信息。

（二）会计核算所提供的信息应当能够满足会计信息使用者（如捐赠人、会员、监管者）等的需要。

（三）会计核算应当按照交易或者事项的实质进行，而不应当仅仅按照它们的法律形式作为其依据。

（四）会计政策前后各期应当保持一致，不得随意变更。如有必要变更，应当在会计报表附注中披露变更的内容和理由、变更的累积影响数，以及累积影响数不能合理确定的理由等。

（五）会计核算应当按照规定的会计处理方法进行，会计信息应当口径一致、相互可比。

（六）会计核算应当及时进行，不得提前或延后。

（七）会计核算和编制的财务会计报告应当清晰明了，便于理解和使用。

（八）在会计核算中，所发生的费用应当与其相关的收入相配比，同一会计期间内的各项收入和与其相关的费用，应当在该会计期间内确认。

（九）资产在取得时应当按照实际成本计量，但本制度有特别规定的，按照特别规定的计量基础进行计量。其后，资产账面价值的调整，应当按照本制度的规定执行。除法律、行政法规和国家统一的会计制度另有规定的外，民间非营利组织一律不得自行调整资产账面价值。

（十）会计核算应当遵循谨慎性原则。

（十一）会计核算应当合理划分应当计入当期费用的支出和应当予以资本化的支出。

（十二）会计核算应当遵循重要性原则的要求，对资产、负债、净资产、收入、费用等有较大影响，并进而影响财务会计报告使用者据以作出合理判断的重要会计事项，必须按照规定的会计方法和程序进行处理，并在财务会计报告中予以充分披露；对于非重要的会计事项，在不影响会计信息真实性和不至于误导会计信息使用者作出正确判断的前提下，可适当简化处理。

第九条　会计记账应当采用借贷记账法。

第十条　会计记录的文字应当使用中文。在民族自治地区，会计记录可以同时使用当地通用的一种民族文字。境外民间非营利组织在中华人民共和国境内依法设立的代表处、办事处等机构也可以同时使用一种外国文字记账。

第十一条　民间非营利组织应当根据有关会计法律、行政法规和本制度的规定，在不违反本制度的前提下，结合其具体情况，制定会计核算办法。

第十二条　民间非营利组织填制会计凭证、登记会计账簿、管理会计档案等要求，按照《中华人民共和国会计法》、《会计基础工作规范》和《会计档案管理办法》等的规定执行。

第十三条　民间非营利组织应当根据国家有关法律、行政法规和内部会计控制规范，结合本单位的业务活动特点，制定相适应的内部会计控制制度，以加强内部会计监督，提高会计信息质量和管理水平。

第二章　资　产

第十四条　资产，是指过去的交易或者事项形成并由民间非营利组织拥有或者控制的资源，该资源预期会给民间非营利组织带来经济利益或者服务潜力。资产应当按其流动性分为流动资产、长期投资、固定资产、无形资产和受托代理资产等。

第十五条　民间非营利组织应当定期或者至少于半年年度终了，对短期投资、应收款项、存货、长期投资等资产是否发生了减值进行检查，如果这些资产发生了减值，应当计提减值准备，确认减值损失，并计入当期费用。对于固定资产、无形资产等其他资产，如果发生了重大减值，也应当计提减值准备，确认减值损失，并计入当期费用。如果已计提减值准备的资产价值在以后会计期间得以恢复，则应当在该资产已计提减值准备的范围内部分或全部转回已确认的减值损失，冲减当期费用。

第十六条　对于民间非营利组织接受捐赠的现金资产，应当按照实际收到的金额入账。对于民间非营利组织接受捐赠的非现金资产，如接受捐赠的短期投资、存货、长期投资、固定资产和无形资产等，应当按照以下方法确定其入账价值：

（一）如果捐赠方提供了有关凭据（如发票、报关单、有关协议等）的，应当按照凭据上标明的金额，作为入账价值。如果凭据上表明的金额与受赠资产公允价值相差较大的，受赠资产应当以其公允价值作为其实际成本。

（二）如果捐赠方没有提供有关凭据的，受赠资产应当以其公允价值作为入账价值。

对于民间非营利组织接受的劳务捐赠，不予确认，但应当在会计报表附注中作相关披露。

第十七条 本制度中所称的公允价值是指在公平交易中，熟悉情况的交易双方，自愿进行资产交换或者债务清偿的金额。公允价值的确定顺序如下：

（一）如果同类或者类似资产存在活跃市场的，应当按照同类或者类似资产的市场价格确定公允价值；

（二）如果同类或类似资产不存在活跃市场，或者无法找到同类或者类似资产的，应当采用合理的计价方法确定资产的公允价值。

在本制度规定应当采用公允价值的情况下，如果有确凿的证据表明资产的公允价值确实无法可靠计量，则民间非营利组织应当设置辅助账，单独登记所取得资产的名称、数量、来源、用途等情况，并在会计报表附注中作相关披露。在以后会计期间，如果该资产的公允价值能够可靠计量，则民间非营利组织应当在该资产能够可靠计量的会计期间确认，并以公允价值予以计量。

第十八条 民间非营利组织如发生非货币性交易，应当按照以下原则处理：

（一）以换出资产的账面价值，加上应支付的相关税费，作为换入资产的入账价值。

（二）非货币性交易中如果发生补价，应区别不同情况处理：

1. 支付补价的民间非营利组织，应以换出资产的账面价值加上补价和应支付的相关税费，作为换入资产的入账价值。

2. 收到补价的民间非营利组织，应按以下公式确定换入资产的入账价值和应确认的收入或费用：

换入资产入账价值＝换出资产账面价值－（补价÷换出资产公允价值）×换出资产账面价值－（补价÷换出资产公允价值）×应交税金＋应支付

的相关税费

应确认的收入或费用=补价×［1-(换出资产账面价值+应交税金)÷换出资产公允价值］

（三）在非货币性交易中，如果同时换入多项资产，应按换入各项资产的公允价值占换入资产公允价值总额的比例，对换出资产的账面价值总额和应支付的相关税费进行分配，以确定各项换入资产的入账价值。

本制度所称非货币性交易是指交易双方以非货币性资产进行的交换，这种交换不涉及或只涉及少量的货币性资产（即补价）。其中，货币性资产是指持有的现金及将以固定或可确定金额的货币收取的资产；非货币性资产是指货币性资产以外的资产。

第一节　流动资产

第十九条　流动资产是指预期可在1年内（含1年）变现或者耗用的资产，主要包括现金、银行存款、短期投资、应收款项、预付账款、存货、待摊费用等。

第二十条　民间非营利组织应当设置现金和银行存款日记账。按照业务发生顺序逐日逐笔登记。有外币现金和存款的民间非营利组织，还应当分别按人民币和外币进行明细核算。

现金的核算应当做到日清月结，其账面余额必须与库存数相符；银行存款的账面余额应当与银行对账单定期核对，并与按月编制的银行存款余额调节表调节相符。

本制度所称的账面余额，是指会计科目的账面实际余额，不扣除作为该科目备抵的项目（如累计折旧、资产减值准备等）。

第二十一条　短期投资是指能够随时变现并且持有时间不准备超过1年（含1年）的投资，包括股票、债券投资等。

（一）短期投资在取得时应当按照投资成本计量。短期投资取得时的投资成本按以下方法确定：

1. 以现金购入的短期投资，按照实际支付的全部价款，包括税金、手续费等相关税费作为其投资成本。实际支付的价款中包含的已宣告但尚未领取的现金股利或已到付息期但尚未领取的债券利息，应当作为应收款项单独核算，不构成短期投资成本。

2. 接受捐赠的短期投资，按照本制度第十六条的规定确定其投资成本。

3. 通过非货币性交易换入的短期投资，按照本制度第十八条的规定确定其投资成本。

（二）短期投资的利息或现金股利应当于实际收到时冲减投资的账面价值，但在购买时已计入应收款项的现金股利或者利息除外。

（三）在期末，民间非营利组织应当按照本制度第十五条的规定对短期投资是否发生了减值进行检查。如果短期投资的市价低于其账面价值，应当按照市价低于账面价值的差额计提短期投资跌价准备，确认短期投资跌价损失并计入当期费用。如果短期投资的市价高于其账面价值，应当在该短期投资期初已计提跌价准备的范围内转回市价高于账面价值的差额，冲减当期费用。

（四）处置短期投资时，应当将实际取得价款与短期投资账面价值的差额确认当期投资损益。

本制度所称的账面价值，是指某会计科目的账面余额减去相关的备抵项目后的净额。

民间非营利组织的委托贷款和委托投资（包括委托理财）应当区分期限长短，分别作为短期投资和长期投资核算和列报。

第二十二条　应收款项是指民间非营利组织在日常业务活动过程中发生的各项应收未收债权，包括应收票据、应收账款和其他应收款等。

（一）应收款项应当按照实际发生额入账，并按照往来单位或个人等设置明细账，进行明细核算。

（二）期末，应当分析应收款项的可收回性，对预计可能产生的坏账损失计提坏账准备，确认坏账损失并计入当期费用。

第二十三条 预付账款是指民间非营利组织预付给商品供应单位或者服务提供单位的款项。

预付账款应当按照实际发生额入账，并按照往来单位或个人等设置明细账，进行明细核算。

第二十四条 存货是指民间非营利组织在日常业务活动过程中持有以备出售或捐赠的，或者为了出售或捐赠仍处在生产过程中的，或者将在生产、提供服务或日常管理过程中耗用的材料、物资、商品等。

（一）存货在取得时，应当以其实际成本入账。存货成本包括采购成本、加工成本和其他成本。其中，采购成本一般包括实际支付的采购价款、相关税费、运输费、装卸费、保险费以及其他可直接归属于存货采购的费用。加工成本包括直接人工以及按照合理方法分配的与存货加工有关的间接费用。其他成本是指除采购成本、加工成本以外的，使存货达到目前场所和状态所发生的其他支出。接受捐赠的存货，按照本制度第十六条的规定确定其成本。通过非货币性交易换入的存货，按照本制度第十八条的规定确定其成本。

（二）存货在发出时，应当根据实际情况采用个别计价法、先进先出法或者加权平均法，确定发出存货的实际成本。

（三）存货应当定期进行清查盘点，每年至少盘点一次。对于发生的盘盈、盘亏以及变质、毁损等存货，应当及时查明原因，并根据民间非营利组织的管理权限，经理事会、董事会或类似权力机构批准后，在期末结账前处理完毕。对于盘盈的存货，应当按照其公允价值入账，并确认为当期收入；对于盘亏或者毁损的存货，应先扣除残料价值、可以收回的保险赔偿和过失人的赔偿等，将净损失确认为当期费用。

（四）期末，民间非营利组织应当按照本制度第十五条的规定对存货是否发生了减值进行检查。如果存货的可变现净值低于其账面价值，应当按照可变现净值低于账面价值的差额计提存货跌价准备，确认存货跌价损失并计入当期费用。如果存货的可变现净值高于其账面价值，应当在该存货期初已计提跌价准备的范围内转回可变现净值高于账面价值的差额，冲减当期费用。

本制度所称的可变现净值，是指在正常业务活动中，以存货的估计售价减去至完工将要发生的成本以及销售所必需的费用后的金额。

第二十五条 待摊费用是指民间非营利组织已经支出，但应当由本期和以后各期分别负担的、分摊期在 1 年以内（含 1 年）的各项费用，如预付保险费、预付租金等。

待摊费用应当按其受益期限在 1 年内分期平均摊销，计入有关费用。

第二节 长期投资

第二十六条 长期投资是指除短期投资以外的投资，包括长期股权投资和长期债权投资等。

第二十七条 长期股权投资应当按照以下原则核算：

（一）长期股权投资在取得时，应当按取得时的实际成本作为初始投资成本。初始投资成本按以下方法确定：

1. 以现金购入的长期股权投资，按照实际支付的全部价款，包括税金、手续费等相关费用，作为初始投资成本。实际支付的价款中包含的已宣告但尚未领取的现金股利，应当作为应收款项单独核算，不构成初始投资成本。

2. 接受捐赠的长期股权投资，按照本制度第十六条的规定，确定其初始投资成本。

3. 通过非货币性交易换入的长期股权投资，按照本制度第十八条的规定确定其初始投资成本。

（二）长期股权投资应当区别不同情况，分别采用成本法或者权益法核算。如果民间非营利组织对被投资单位无控制、无共同控制且重大影响，长期股权投资应当采用成本法进行核算；如果民间非营利组织对被投资单位具有控制、共同控制或重大影响，长期股权投资应当采用权益法进行核算。

采用成本法核算时，被投资单位经股东大会或者类似权利机构批准宣告发放的利润或现金股利，作为当期投资收益。

采用权益法核算时，按应当享有或应当分担的被投资单位当年实现的净利润或发生的净亏损的份额调整投资账面价值，并作为当期投资损益。按被投资单位宣告分派的利润或现金股利计算分得的部分，减少投资账面价值。

被投资单位宣告分派的股票股利，不作账务处理，但应当设置辅助账，进行数量登记。

本制度所称的控制，是指有权决定被投资单位的财务和经营政策，并能据以从该单位的经济活动中获得利益；本制度所称的共同控制，是指按合同约定对某项经济活动所共有的控制；本制度所称的重大影响，是指对被投资单位的财务和经营政策有参与决策的权力，但并不决定这些政策。

（三）处置长期股权投资时，应当将实际取得价款与投资账面价值的差额确认为当期投资损益。

第二十八条　长期债权投资应当按照以下原则核算：

（一）长期债权投资在取得时，应当按取得时的实际成本作为初始投资成本。初始投资成本按以下方法确定：

1. 以现金购入的长期债权投资，按照实际支付的全部价款，包括税金、手续费等相关费用，作为初始投资成本。实际支付的价款中包含的已到付息期但尚未领取的债券利息，应当作为应收款项单独核算，不构成初始投资成本。

2. 接受捐赠取得的长期债权投资，按照本制度第十六条的规定确定其初始投资成本。

3. 通过非货币性交易换入的长期债权投资，按照本制度第十八条的规定确定其初始投资成本。

（二）长期债权投资应当按照票面价值与票面利率按期计算确认利息收入。长期债券投资的初始投资成本与债券面值之间的差额，应当在债券存续期间，按照直线法，于确认相关债券利息收入时予以摊销。

（三）持有可转换公司债券的民间非营利组织，可转换公司债券在购买以及转换为股份之前，应当按一般债券投资进行处理。当民间非营利组织行使转换权利，将其持有的债券投资转换为股份时，应当按其账面价值减去收到的现金后的余额，作为股权投资的初始投资成本。

（四）处置长期债权投资时，应当将实际取得价款与投资账面价值的差额，确认为当期投资损益。

第二十九条　民间非营利组织改变投资目的，将短期投资划转为长期投资，应当按短期投资的成本与市价孰低结转。

第三十条　期末，民间非营利组织应当按照本制度第十五条的规定对长期投资是否发生了减值进行检查。如果长期投资的可收回金额低于其账面价值，应当按照可收回金额低于账面价值的差额计提长期投资减值准备，确认长期投资减值损失并计入当期费用。如果长期投资的可收回金额高于其账面价值，应当在该长期投资期初已计提减值准备的范围内转回可收回金额高于账面价值的差额，冲减当期费用。

本制度所称可收回金额是指资产的销售净价与预期从该资产的持续

使用和使用寿命结束时的处置中形成的预计未来现金流量的现值两者之中的较高者，其中销售净价指销售价值减资产处置费用后的余额。

第三节　固定资产

第三十一条　固定资产是指同时具有以下特征的有形资产：

（一）为行政管理、提供服务、生产商品或者出租目的而持有的；

（二）预计使用年限超过 1 年；

（三）单位价值较高。

第三十二条　固定资产在取得时，应当按取得时的实际成本入账。取得时的实际成本包括买价、包装费、运输费、交纳的有关税金等相关费用，以及为使固定资产达到预定可使用状态前所必要的支出。固定资产取得时的实际成本应当根据以下具体情况分别确定：

（一）外购的固定资产，按照实际支付的买价、相关税费以及为使固定资产达到预定可使用状态前所发生的可直接归属于该固定资产的其他支出（如，运输费、安装费、装卸费等）确定其成本。

如果以一笔款项购入多项没有单独标价的固定资产，按各项固定资产公允价值的比例对总成本进行分配，分别确定各项固定资产的成本。

（二）自行建造的固定资产，按照建造该项资产达到预定可使用状态前所发生的全部必要民间非营利组织会计制度支出确定其成本。

（三）接受捐赠的固定资产，应当按照本制度第十六条的规定确定其成本。

（四）通过非货币性交易换入的固定资产，按照本制度第十八条的规定确定其成本。

（五）融资租入的固定资产，按照租赁协议或者合同确定的价款、运输费、途中保险费、安装调试费以及融资租入固定资产达到预定可使用的状态前发生的借款费用等确定其成本。

第三十三条　在建工程，包括施工前期准备、正在施工中的建筑工程、安装工程、技术改造工程等。工程项目较多且工程支出较大的，应当按照工程项目的性质分项核算。

第三十四条　在建工程应当按照所建造工程达到预定可使用状态前实际发生的全部必要支出确定其工程成本，并单独核算。在建工程的工程成本应当根据具体情况分别确定：

（一）对于自营工程，按照直接材料、直接人工、直接机械使用费等确定其成本。

（二）对于出包工程，按照应支付的工程价款等确定其成本。

第三十五条　为购建固定资产而发生的专门借款的借款费用在确定的允许资本化的期间内，应当按照专门借款的借款费用的实际发生额予以资本化，计入在建工程成本。这里的借款费用包括因借款而发生的利息、辅助费用以及因外币借款而发生的汇兑差额。

只有在以下三个条件同时具备时，因专门借款所发生的借款费用才允许开始资本化：

（一）资产支出已经发生；

（二）借款费用已经发生；

（三）为使资产达到预定可使用状态所必要的购建活动已经开始。

如果固定资产的购建活动发生非正常中断，并且中断时间连续超过3个月（含3个月），应当暂停借款费用的资本化，将中断期间内所发生的借款费用确认为当期费用，直至资产的购建活动重新开始。但是，如果中断是使购建的固定资产达到预定可使用状态所必要的程序，则借款费用的资本化应当继续进行。

当所购建的固定资产达到预定可使用状态时，应当停止借款费用的资本化。之后所发生的借款费用应当于发生时计入当期费用。通常所购建的固定资产达到以下状态时，应当视为所购建的固定资产已经达到预定可使用状态：

（一）固定资产的实体建造（包括安装）工作已经全部完成或者实质上已经完成；

（二）所购建的固定资产与设计要求或者合同要求相符或者基本相符，即使有极个别与设计或者合同要求不相符的地方，也不影响其正常使用。

（三）继续发生在所购建固定资产上的支出金额很少或者几乎不再发生。

第三十六条 所购建的固定资产已达到预定可使用状态时，应当自达到预定可使用状态之日起，将在建工程成本转入固定资产核算。

第三十七条 民间非营利组织应当对固定资产计提折旧，在固定资产的预计使用寿命内系统地分摊固定资产的成本。

民间非营利组织应当根据固定资产的性质和消耗方式，合理地确定固定资产的预计使用年限和预计净残值。

民间非营利组织应当按照固定资产所含经济利益或者服务潜力的预期实现方式选择折旧方法，可选用的折旧方法包括年限平均法、工作量法、双倍余额递减法和年数总和法。折旧方法一经确定，不得随意变更。如果由于固定资产所含经济利益或者服务潜力预期实现方式发生重大改变而确实需要变更的，应当在会计报表附注中披露相关信息。

第三十八条 民间非营利组织应当按月提取折旧，当月增加的固定资产，当月不提折旧，从下月起计提折旧；当月减少的固定资产，当月照提折旧，从下月起不提折旧。

第三十九条 与固定资产有关的后续支出，如果使可能流入民间非营利组织的经济利益或者服务潜力超过了原先的估计，如延长了固定资产的使用寿命，或者使服务质量实质性提高，或者使商品成本实质性降低，则应当计入固定资产账面价值，但其增计后的金额不应当超过该固定资产的可收回金额。其他后续支出，应当计入当期费用。

第四十条 民间非营利组织由于出售、报废或者毁损等原因而发生的固定资产清理净损益，应当计入当期收入或者费用。

第四十一条 用于展览、教育或研究等目的的历史文物、艺术品以及其他具有文化或者历史价值并作长期或者永久保存的典藏等，作为固定资产核算，但不必计提折旧。在资产负债表中，应当单列“文物文化资产”项目予以反映。

第四十二条 民间非营利组织对固定资产应当定期或者至少每年实地盘点一次。对盘盈、盘亏的固定资产，应当及时查明原因，写出书面报告，并根据管理权限经董事会、理事会或类似权力机构批准后，在期末结账前处理完毕。盘盈的固定资产应当按照其公允价值入账，并计入当期收入；盘亏的固定资产在减去过失人或者保险公司等赔款和残料价值之后计入当期费用。

第四十三条 民间非营利组织对固定资产的购建、出售、清理、报废和内部转移等都应当办理会计手续，并应当设置固定资产明细账（或者固定资产卡片）进行明细核算。

第四节 无形资产

第四十四条 无形资产是指民间非营利组织为开展业务活动、出租给他人、或为管理目的而持有的、没有实物形态的、非货币性长期资产，包括专利权、非专利技术、商标权、著作权、土地使用权等。

第四十五条 无形资产在取得时，应当按照取得时的实际成本入账。

（一）购入的无形资产，按照实际支付的价款确定其实际成本。

（二）自行开发并按法律程序申请取得的无形资产，按依法取得时发生的注册费、聘请律师费等费用，作为无形资产的实际成本。依法取得前，在研究与开发过程中发生的材料费用、直接参与开发人员的工资及福利费、开发过程中发生的租金、借款费用等直接计入当期费用。

（三）接受捐赠的无形资产，按照本制度第十六条的规定确定其实际成本。

（四）通过非货币性交易换入的无形资产，按照本制度第十八条的规定确定其实际成本。

第四十六条 无形资产应当自取得当月起在预计使用年限内分期平均摊销，计入当期费用。如预计使用年限超过了相关合同规定的受益年限或法律规定的有效年限，该无形资产的摊销年限按如下原则确定：

（一）合同规定了受益年限但法律没有规定有效年限的，摊销期不应超过合同规定的受益年限；

（二）合同没有规定受益年限但法律规定了有效年限的，摊销期不应超过法律规定的有效年限；

（三）合同规定了受益年限，法律也规定了有效年限的，摊销期不应超过受益年限和有效年限两者之中较短者。

如果合同没有规定受益年限，法律也没有规定有效年限的，摊销期不应超过 10 年。

第四十七条 民间非营利组织处置无形资产，应当将实际取得的价款与该项无形资产的账面价值之间的差额，计入当期收入或者费用。

第五节　受托代理资产

第四十八条 受托代理资产，是指民间非营利组织因从事受托代理交易而从委托方取得的资产。在受托代理交易过程中，民间非营利组织通常只是从委托方收到受托资产，并按照委托人的意愿将资产转赠给指定的其他组织或者个人，或者按照有关规定将资产转交给指定的其他组织或者个人，民间非营利组织本身只是在交易过程中起中介作用。无权改变受托代理资产的用途或者变更受益人。

民间非营利组织应当对受托代理资产比照接受捐赠资产的原则进行确认和计量原则，但在确认一项受托代理资产时，应当同时确认一项受托代理负债。

第三章　负　债

第四十九条　负债是指过去的交易或者事项形成的现时义务，履行该义务预期会导致含有经济利益或者服务潜力的资源流出民间非营利组织。负债应当按其流动性分为流动负债、长期负债和受托代理负债等。

第五十条　或有事项是指过去的交易或者事项形成的一种状况，其结果须通过未来不确定事项的发生或不发生予以证实。

如果与或有事项相关的义务同时符合以下条件，应当将其确认为负债，以清偿该负债所需支出的最佳估计数予以计量，并在资产负债表中单列项目予以反映：

（一）该义务是民间非营利组织承担的现时义务；

（二）该义务的履行很可能导致含有经济利益或者服务潜力的资源流出民间非营利组织；

（三）该义务的金额能够可靠地计量。

第五十一条　流动负债是指将在1年内（含1年）偿还的负债，包括短期借款、应付款项、应付工资、应交税金、预收账款、预提费用和预计负债等。

（一）短期借款是指民间非营利组织向银行或其他金融机构等借入的期限在1年以下（含1年）的各种借款。

（二）应付款项是指民间非营利组织在日常业务活动过程中发生的各项应付票据、应付账款和其他应付款等应付未付款项。

（三）应付工资是指民间非营利组织应付未付的员工工资。

（四）应交税金是指民间非营利组织应交未交的各种税费。

（五）预收账款是指民间非营利组织向服务和商品购买单位预收的各种款项。

（六）预提费用是指民间非营利组织预先提取的已经发生但尚未支付的费用，如预提的租金、保险费、借款利息等。

（七）预计负债是指民间非营利组织对因或有事项所产生的现时义务而确认的负债。

第五十二条 各项流动负债应当按实际发生额入账。

短期借款应当按照借款本金和确定的利率按期计提利息，计入当期费用。

第五十三条 长期负债是指偿还期限在1年以上（不含1年）的负债，包括长期借款、长期应付款和其他长期负债。

（一）长期借款是指民间非营利组织向银行或其他金融机构等借入的期限在1年以上（不含1年）的各种借款。

（二）长期应付款主要是指民间非营利组织融资租入固定资产发生的应付租赁款。

（三）其他长期负债是指除长期借款和长期应付款外的长期负债。

第五十四条 各项长期负债应当按实际发生额入账。

第五十五条 受托代理负债是指民间非营利组织因从事受托代理业务、接受受托代理资产而产生的负债。受托代理负债应当按照相对应的受托代理资产的金额予以确认和计量。

第四章 净资产

第五十六条 民间非营利组织的净资产是指资产减去负债后的余

额。净资产应当按照其是否受到限制，分为限定性净资产和非限定性净资产等。

如果资产或者资产所产生的经济利益（如资产的投资收益和利息等）的使用受到资产提供者或者国家有关法律行政法规所设置的时间限制或（和）用途限制，则由此形成的净资产即为限定性净资产；国家有关法律行政法规对净资产的使用直接设置限制的，该受限制的净资产亦为限定性净资产；除此之外的其他净资产，即为非限定性净资产。

本制度所称的时间限制，是指资产提供者或者国家有关法律行政法规要求民间非营利组织在收到资产后的特定时期之内或特定日期之后使用该项资产，或者对资产的使用设置了永久限制。

本制度所称的用途限制，是指资产提供者或者国家有关法律、行政法规要求民间非营利组织将收到的资产用于某一特定的用途。

民间非营利组织的董事会、理事会或类似机构对净资产的使用所作的限定性决策、决议或拨款限额等，属于民间非营利组织内部管理上对资产使用所作的限制，不属于本制度所界定的限定性净资产。

第五十七条 如果限定性净资产的限制已经解除，应当对净资产进行重新分类，将限定性净资产转为非限定性净资产。

当存在下列情况之一时，可以认为限定性净资产的限制已经解除：

（一）所限定净资产的限制时间已经到期；

（二）所限定净资产规定的用途已经实现（或者目的已经达到）；

（三）资产提供者或者国家有关法律行政法规撤销了所设置的限制。

如果限定性净资产受到两项或两项以上的限制，应当在最后一项限制解除时，才能认为该项限定性净资产的限制已经解除。

第五章　收　入

第五十八条　收入是指民间非营利组织开展业务活动取得的、导致本期净资产增加的经济利益或者服务潜力的流入，收入应当按照其来源分为捐赠收入、会费收入、提供服务收入、政府补助收入、投资收益、商品销售收入等主要业务活动收入和其他收入等。

（一）捐赠收入是指民间非营利组织接受其他单位或者个人捐赠所取得的收入。

（二）会费收入是指民间非营利组织根据章程等的规定向会员收取的会费收入。

（三）提供服务收入是指民间非营利组织根据章程等的规定向其服务对象提供服务取得的收入，包括学费收入、医疗费收入、培训收入等。

（四）政府补助收入是指民间非营利组织接受政府拨款或者政府机构给予的补助而取得的收入。

（五）商品销售收入是指民间非营利组织销售商品（如出版物、药品等）等所形成的收入。

（六）投资收益是指民间非营利组织因对外投资取得的投资净损益。

民间非营利组织如果有除上述捐赠收入、会费收入、提供服务收入、政府补助收入、商品销售收入、投资收益之外的其他主要业务活动收入，也应当单独核算。

（七）其他收入是指除上述主要业务活动收入以外的其他收入，如固定资产处置净收入、无形资产处置净收入等。

对于民间非营利组织接受的劳务捐赠，不予确认，但应当在会计报表附注中作相关披露。

第五十九条 民间非营利组织在确认收入时，应当区分交换交易所形成的收入和非交换交易所形成的收入。

（一）交换交易是指按照等价交换原则所从事的交易，即当某一主体取得资产、获得服务或者解除债务时，需要向交易对方支付等值或者大致等值的现金，如提供等值或者大致等值的货物、服务等的交易。如按照等价交换原则销售商品、提供劳务等均属于交换交易。对于因交换交易所形成的商品销售收入，应当在下列条件同时满足时予以确认：

1. 已将商品所有权上的主要风险和报酬转移给购货方；

2. 既没有保留通常与所有权相联系的继续管理权，也没有对已售出的商品实施控制；

3. 与交易相关的经济利益能够流入民间非营利组织；

4. 相关的收入和成本能够可靠地计量。

对于因交换交易所形成的提供劳务收入，应当按以下规定予以确认：

1. 在同一会计年度内开始并完成的劳务，应当在完成劳务时确认收入；

2. 如果劳务的开始和完成分属不同的会计年度，可以按完工进度或完成的工作量确认收入。

对于因交换交易所形成的因让渡资产使用权而发生的收入应当在下列条件同时满足时予以确认：

1. 与交易相关的经济利益能够流入民间非营利组织；

2. 收入的金额能够可靠地计量。

（二）非交换交易是指除交换交易之外的交易。在非交换交易中，某一主体取得资产、获得服务或者解除债务时，不必向交易对方支付等值或者大致等值的现金，或者提供等值或者大致等值的货物、服务等；或者某一主体在对外提供货物、服务等时，没有收到等值或者大致等值的现金、货物等。如捐赠、政府补助等属于非交换交易。

对于因非交换交易所形成的收入，应当在同时满足下列条件时予以确认：

1. 与交换相关的经济利益或者服务潜力的资源能够流入民间非营利组织并为其所控制，或者相关的债务能够得到解除；

2. 交换能够引起净资产的增加；

3. 收入的金额能够可靠地计量。

一般情况下，对于无条件的捐赠或政府补助，应当在捐赠或政府补助收到时确认收入；对于附条件的捐赠或政府补助，应当在取得捐赠资产或政府补助资产控制权时确认收入，但当民间非营利组织存在需要偿还全部或部分捐赠资产（或者政府补助资产）或者相应金额的现时义务时，应当根据需要偿还的金额同时确认一项负债和费用。

第六十条 民间非营利组织对于各项收入应当按是否存在限定区分为非限定性收入和限定性收入进行核算。

如果资产提供者对资产的使用设置了时间限制或者（和）用途限制，则所确认的相关收入为限定性收入；除此之外的其他所有收入，为非限定性收入。

民间非营利组织的会费收入、提供服务收入、商品销售收入和投资收益等一般为非限定性收入，除非相关资产提供者对资产的使用设置了限制；民间非营利组织的捐赠收入和政府补助收入，应当视相关资产提供者对资产的使用是否设置了限制，分别限定性收入和非限定性收入进行核算。

第六十一条 期末，民间非营利组织应当将本期限定性收入和非限定性收入分别结转至净资产项下的限定性净资产和非限定性净资产。

第六章　费　用

第六十二条　费用是指民间非营利组织为开展业务活动所发生的、导致本期净资产减少的经济利益或者服务潜力的流出。费用应当按照其功能分为业务活动成本、管理费用、筹资费用和其他费用等。

（一）业务活动成本，是指民间非营利组织为了实现其业务活动目标、开展其项目活动或者提供服务所发生的费用。如果民间非营利组织从事的项目、提供的服务或者开展的业务比较单一，可以将相关费用全部归集在“业务活动成本”项目下进行核算和列报；如果民间非营利组织从事的项目、提供的服务或者开展的业务种类较多，民间非营利组织应当在“业务活动成本”项目下分别项目、服务或者业务大类进行核算和列报。

（二）管理费用，是指民间非营利组织为组织和管理其业务活动所发生的各项费用。包括民间非营利组织董事会（或者理事会或者类似权利机构）经费和行政管理人员的工资、奖金、住房公积金、住房补贴、社会保障费、离退休人员工资与补助，以及办公费、水电费、邮电费、物业管理费、差旅费、折旧费、修理费、租赁费、无形资产摊销费、资产盘亏损失、资产减值损失、因预计负债所产生的损失、聘请中介机构费和应偿还的受赠资产等。其中，福利费应当依法根据民间非营利组织的管理权限，按照董事会、理事会或类似权力机构等的规定据实列支。

（三）筹资费用，是指民间非营利组织为筹集业务活动所需资金而发生的费用，包括民间非营利组织为了获得捐赠资产而发生的费用以及应当计入当期费用的借款费用、汇兑损失（减汇兑收益）等。民间非营利组织为了获得捐赠资产而发生的费用包括举办募款活动费、准备、印刷和发放募款宣传资料费以及其他与募款或者争取捐赠资产有关的费用。

（四）其他费用，是指民间非营利组织发生的、无法归属到上述业务活动成本、管理费用或者筹资费用中的费用，包括固定资产处置净损失、无形资产处置净损失等。

民间非营利组织的某些费用如果属于多项业务活动或者属于业务活动、管理活动和筹资活动等共同发生的，而且不能直接归属于某一类活动，应当将这些费用按照合理的方法在各项活动中进行分配。

第六十三条 民间非营利组织发生的业务活动成本、管理费用、筹资费用和其他费用，应当在实际发生时按其发生额计入当期费用。

第六十四条 期末，民间非营利组织应当将本期发生的各项费用结转至净资产项下的非限定性净资产，作为非限定性净资产的减项。

第七章 财务会计报告

第六十五条 财务会计报告是反映民间非营利组织财务状况、业务活动情况和现金流量等的书面报告。

第六十六条 财务会计报告分为年度财务会计报告和中期财务会计报告。以短于一个完整的会计年度的期间（如半年度、季度和月度）编制的财务会计报告称为中期财务会计报告。年度财务会计报告则是以整个会计年度为基础编制的财务会计报告。

第六十七条 财务会计报告由会计报表、会计报表附注和财务情况说明书组成。民间非营利组织对外提供的财务会计报告的内容、会计报表的种类和格式、会计报表附注应予披露的主要内容等，由本制度规定；民间非营利组织内部管理需要的会计报表由单位自行规定。

民间非营利组织在编制中期财务会计报告时，应当采用与年度会计报表相一致的确认与计量原则。中期财务会计报告的内容相对于年度财务会计报告而言可以适当简化，但是，它仍然应当保证包括了与理解中期期末财务状况和中期业务活动情况及其现金流量相关的重要财务信息。

第六十八条 民间非营利组织采用的会计政策前后各期应当保持一致，不得随意变更，除非符合下列条件之一：

（一）法律或会计制度等行政法规、规章的要求；

（二）这种变更能够提供有关民间非营利组织财务状况、业务活动情况和现金流量等更可靠、更相关的会计信息。

民间非营利组织应当采用追溯调整法核算会计政策的变更，如果追溯调整法不可行，则应当采用未来适用法核算；如果相关法律或会计制度等另有规定，则应当按照相关规定进行核算。

本制度中所称追溯调整法，是指对某项交易或者事项变更会计政策时，如同该交易或者事项初次发生时就开始采用新的会计政策，并以此对相关项目进行调整的方法；本制度所称未来适用法，是指对某项交易或者事项变更会计政策时，新的会计政策适用于变更当期及未来期间发生的交易或者事项的方法。

第六十九条 资产负债表日至财务会计报告批准报出日之间发生的需要调整或说明的有利或不利事项，属于资产负债表日后事项。对于资产负债表日后事项，应当区分调整事项和非调整事项进行处理。

调整事项，是指资产负债表日后至财务会计报告批准报出日之间发生的，为资产负债表日已经存在的情况提供了新的或进一步证据，有助于对资产负债表日存在情况有关的金额作出重新估计的事项。民间非营利组织应当就调整事项，对资产负债表日所确认的相关资产、负债和净资产，以及资产负债表日所属期间的相关收入、费用等进行调整。

非调整事项，是指资产负债表日后至财务会计报告批准报出日之间才发生的，不影响资产负债表日的存在情况，但不加以说明将会影响财务会计报告使用者作出正确估计和决策的事项。民间非营利组织应当在会计报表附注中披露非调整事项的性质、内容，以及对财务状况和业务活动情况的影响。如无法估计其影响，应当说明理由。

第七十条 财务会计报告中的会计报表至少应当包括以下三张报表：

（一）资产负债表；

（二）业务活动表；

（三）现金流量表。

第七十一条 会计报表附注至少应当包括下列内容：

（一）重要会计政策及其变更情况的说明；

（二）董事会（或者理事会或者类似权利机构）成员和员工的数量、变动情况以及获得的薪金等报酬情况的说明；

（三）会计报表重要项目及其增减变动情况的说明；

（四）资产提供者设置了时间或用途限制的相关资产情况的说明；

（五）受托代理交易情况的说明，包括受托代理资产的构成、计价基础和依据、用途等；

（六）重大资产减值情况的说明；

（七）公允价值无法可靠取得的受赠资产和其他资产的名称、数量、来源和用途等情况的说明；

（八）对外承诺和或有事项情况的说明；

（九）接受劳务捐赠情况的说明；

（十）资产负债表日后非调整事项的说明；

（十一）有助于理解和分析会计报表需要说明的其他事项。

第七十二条 财务情况说明书至少应当对下列情况作出说明：

（一）民间非营利组织的宗旨、组织结构以及人员配备等情况；

（二）民间非营利组织业务活动基本情况，年度计划和预算完成情况，产生差异的原因分析，下一会计期间业务活动计划和预算等；

（三）对民间非营利组织运作有重大影响的其他事项。

第七十三条 民间非营利组织对外投资，而且占对被投资单位资本总额 50%以上（不含 50%），或者虽然占该单位资本总额不足 50%但具有实质上的控制权的，或者对被投资单位具有控制权的，应当编制合并会计报表。

第七十四条 民间非营利组织的年度财务会计报告至少应当于年度终了后 4 个月内对外提供。如果民间非营利组织被要求对外提供中期财务会计报告的，应当在规定的时间内对外提供。

会计报表的填列，以人民币“元”为金额单位，“元”以下填至“分”。

第七十五条 民间非营利组织对外提供的财务会计报告应当依次编定页数，加具封面，装订成册，加盖公章。封面上应当注明：组织名称、组织登记证号、组织形式、地址、报表所属年度或者中期、报出日期，并由单位负责人和主管会计工作的负责人、会计机构负责人（会计主管人员）签名并盖章；设置总会计师的单位，还应当由总会计师签名并盖章 。

第八章 附 则

第七十六条 本制度自 2005 年 1 月 1 日起施行。

财政部关于印发《〈民间非营利组织会计制度〉若干问题的解释》的通知

财会〔2020〕9号

党中央有关部门，国务院有关部委、有关直属机构，有关人民团体，各省、自治区、直辖市、计划单列市财政厅（局），新疆生产建设兵团财政局：

为了进一步明确民间非营利组织有关经济业务或事项的会计处理，提高会计信息质量，根据《民间非营利组织会计制度》（财会〔2004〕7号）的规定，我们制定了《〈民间非营利组织会计制度〉若干问题的解释》，现予印发，请遵照执行。

执行中有何问题，请及时反馈我部。

附件：《民间非营利组织会计制度》若干问题的解释

财政部

2020年6月15日

《民间非营利组织会计制度》若干问题的解释

一、关于社会服务机构等非营利组织的会计核算

根据《民间非营利组织会计制度》（财会〔2004〕7号，以下简称《民非制度》）第二条规定，同时具备《民非制度》第二条第二款所列三项特征的非营利性民办学校、医疗机构等社会服务机构，境外非政府组织在中国境内依法登记设立的代表机构应当按照《民非制度》进行会计核算。

二、关于接受非现金资产捐赠

（一）对于民间非营利组织接受捐赠的存货、固定资产等非现金资产，应当按照《民非制度》第十六条的规定确定其入账价值。

（二）对于以公允价值作为其入账价值的非现金资产，民间非营利组织应当按照《民非制度》第十七条所规定的顺序确定公允价值。

《民非制度》第十七条第一款第（一）项规定的“市场价格”，一般指取得资产当日捐赠方自产物资的出厂价、捐赠方所销售物资的销售价、政府指导价、知名大型电商平台同类或者类似商品价格等。

《民非制度》第十七条第一款第（二）项规定的“合理的计价方法”，包括由第三方机构进行估价等。

（三）对于民间非营利组织接受非现金资产捐赠时发生的应归属于其自身的相关税费、运输费等，应当计入当期费用，借记“筹资费用”科目，贷记“银行存款”等科目。

（四）民间非营利组织接受捐赠资产的有关凭据或公允价值以外币计量的，应当按照取得资产当日的市场汇率将外币金额折算为人民币金

额记账。当汇率波动较小时，也可以采用当期期初的汇率进行折算。

三、关于受托代理业务

（一）《民非制度》第四十八条规定的“受托代理业务”是指有明确的转赠或者转交协议，或者虽然无协议但同时满足以下条件的业务：

1. 民间非营利组织在取得资产的同时即产生了向具体受益人转赠或转交资产的现时义务，不会导致自身净资产的增加。

2. 民间非营利组织仅起到中介而非主导发起作用，帮助委托人将资产转赠或转交给指定的受益人，并且没有权利改变受益人，也没有权利改变资产的用途。

3. 委托人已明确指出了具体受益人个人的姓名或受益单位的名称，包括从民间非营利组织提供的名单中指定一个或若干个受益人。

（二）民间非营利组织从事受托代理业务时发生的应归属于其自身的相关税费、运输费等，应当计入当期费用，借记“其他费用”科目，贷记“银行存款”等科目。

四、关于长期股权投资

（一）对于因接受股权捐赠形成的表决权、分红权与股权比例不一致的长期股权投资，民间非营利组织应当根据《民非制度》第二十七条的规定，并结合经济业务实质判断是否对被投资单位具有控制、共同控制或重大影响关系。

（二）民间非营利组织因对外投资对被投资单位具有控制权的，应当按照《民非制度》第二十七条的规定采用权益法进行核算，并在会计报表附注中披露投资净损益和被投资单位财务状况、经营成果等信息。

五、关于限定性净资产

（一）《民非制度》第五十六条规定的限定性净资产中所称的“限制”，是指由民间非营利组织之外的资产提供者或者国家有关法律、行政法规所设置的。该限制只有在比民间非营利组织的宗旨、目的或章程等关于资产使用的要求更为具体明确时，才能成为《民非制度》所称的“限制”。

（二）民间非营利组织应当根据《民非制度》第五十七条的规定，区分以下限制解除的不同情况，确定将限定性净资产转为非限定性净资产的金额：

1. 对于因资产提供者或者国家有关法律、行政法规要求在收到资产后的特定时期之内使用该项资产而形成的限定性净资产，应当在相应期间之内按照实际使用的相关资产金额转为非限定性净资产。

2. 对于因资产提供者或者国家有关法律、行政法规要求在收到资产后的特定日期之后使用该项资产而形成的限定性净资产，应当在该特定日期全额转为非限定性净资产。

3. 对于因资产提供者或者国家有关法律、行政法规设置用途限制而形成的限定性净资产，应当在使用时按照实际用于规定用途的相关资产金额转为非限定性净资产。

其中，对固定资产、无形资产仅设置用途限制的，应当自取得该资产开始，按照计提折旧或计提摊销的金额，分期将相关限定性净资产转为非限定性净资产。在处置固定资产、无形资产时，应当将尚未重分类的相关限定性净资产全额转为非限定性净资产。

4. 如果资产提供者或者国家有关法律、行政法规要求民间非营利组织在特定时期之内或特定日期之后将限定性净资产用于特定用途，应当在相应期间之内或相应日期之后按照实际用于规定用途的相关资产金额转为非限定性净资产。

其中，要求在收到固定资产、无形资产后的某个特定时期之内将该项资产用于特定用途的，应当在该规定时期内，对相关限定性净资产金额按期平均分摊，转为非限定性净资产。

要求在收到固定资产、无形资产后的某个特定日期之后将该项资产用于特定用途的，应当在特定日期之后，自资产用于规定用途开始，在资产预计剩余使用年限内，对相关限定性净资产金额按期平均分摊，转为非限定性净资产。

与限定性净资产相关的固定资产、无形资产，应当按照《民非制度》规定计提折旧或计提摊销。

5. 对于资产提供者或者国家有关法律、行政法规撤销对限定性净资产所设置限制的，应当在撤销时全额转为非限定性净资产。

（三）资产提供者或者国家有关法律、行政法规对以前期间未设置限制的资产增加限制时，应当将相关非限定性净资产转为限定性净资产，借记“非限定性净资产”科目，贷记“限定性净资产”科目。

六、关于注册资金

（一）执行《民非制度》的社会团体、基金会、社会服务机构设立时取得的注册资金，应当直接计入净资产。注册资金的使用受到时间限制或用途限制的，在取得时直接计入限定性净资产；其使用没有受到时间限制和用途限制的，在取得时直接计入非限定性净资产。

前款规定的注册资金，应当在现金流量表“收到的其他与业务活动有关的现金”项目中填列。

（二）社会团体、基金会、社会服务机构变更登记注册资金属于自愿采取的登记事项变更，并不引起资产和净资产的变动，无须进行会计处理。

七、关于承接政府购买服务取得的收入

按照《民非制度》第五十九条的规定，民间非营利组织承接政府购买服务属于交换交易，取得的相关收入应当记入“提供服务收入”等收入类科目，不应当记入“政府补助收入”科目。

八、关于存款利息

民间非营利组织取得的存款利息，属于《民非制度》第三十五条规定的“为购建固定资产而发生的专门借款”产生且在“允许资本化的期间内”的，应当冲减在建工程成本；除此以外的存款利息应当计入其他收入。

九、关于境外非政府组织代表机构的总部拨款收入

（一）执行《民非制度》的境外非政府组织代表机构（下同）应当增设“4701 总部拨款收入”科目，核算从其总部取得的拨款收入。

（二）境外非政府组织代表机构取得总部拨款收入时，按照取得的金额，借记“现金”、“银行存款”等科目，贷记本科目。

（三）期末，将本科目本期发生额转入非限定性净资产，借记本科目，贷记“非限定性净资产”科目。

如果存在限定性总部拨款收入，则应当在本科目设置“限定性收入”、“非限定收入”明细科目，在期末将“限定性收入”明细科目本期发生额转入限定性净资产。

（四）境外非政府组织代表机构应当在业务活动表收入部分“投资收益”项目与“其他收入”项目之间增加“总部拨款收入”项目。本项目应当根据“总部拨款收入”科目的本期发生额填列。

十、关于资产减值损失

（一）按照《民非制度》第七十一条第（六）项规定，会计报表附注应当披露“重大资产减值情况的说明”。民间非营利组织应当在“管理费用”科目下设置“资产减值损失”明细科目，核算因提取资产减值准备而确认的资产减值损失。

（二）长期投资、固定资产、无形资产的资产减值损失一经确认，在以后会计期间不得转回。

十一、关于出资设立其他民间非营利组织

（一）民间非营利组织按规定出资设立其他民间非营利组织，不属于《民非制度》规定的长期股权投资，应当计入当期费用。设立与实现本组织业务活动目标相关的民间非营利组织的，相关出资金额记入“业务活动成本”科目；设立与实现本组织业务活动目标不相关的民间非营利组织的，相关出资金额记入“其他费用”科目。

（二）本解释施行前民间非营利组织出资设立其他民间非营利组织并将出资金额计入长期股权投资的，应当自本解释施行之日，将原“长期股权投资”科目余额中对其他民间非营利组织的出资金额转入“非限定性净资产”科目（以前年度出资）或“业务活动成本”、“其他费用”科目（本年度出资）。

十二、关于关联方关系及其交易的披露

民间非营利组织与关联方发生关联方交易的，应当按照《民非制度》第七十一条第（十一）项规定，在会计报表附注中披露该关联方关系的性质、交易类型及交易要素。

（一）本解释所称的交易要素，至少应当包括：

1. 交易的金额。

2. 未结算项目的金额、条款和条件。

3. 未结算应收项目的坏账准备金额。

4. 定价政策。

（二）本解释所称关联方，是指一方控制、共同控制另一方或对另一方施加重大影响，以及两方或两方以上同受一方控制、共同控制或重大影响的相关各方。以下各方构成民间非营利组织的关联方：

1. 该民间非营利组织的设立人及其所属企业集团的其他成员单位。

2. 该民间非营利组织控制、共同控制或施加重大影响的企业。

3. 该民间非营利组织设立的其他民间非营利组织。

4. 由该民间非营利组织的设立人及其所属企业集团的其他成员单位共同控制或施加重大影响的企业。

5. 由该民间非营利组织的设立人及其所属企业集团的其他成员单位设立的其他民间非营利组织。

6. 该民间非营利组织的关键管理人员及与其关系密切的家庭成员。关键管理人员，是指有权力并负责计划、指挥和控制民间非营利组织活动的人员。与关键管理人员关系密切的家庭成员，是指在处理与该组织的交易时可能影响该个人或受该个人影响的家庭成员。关键管理人员一般包括：民间非营利组织负责人、理事、监事、分支（代表）机构负责人等。

7. 该民间非营利组织的关键管理人员或与其关系密切的家庭成员控制、共同控制或施加重大影响的企业。

8. 该民间非营利组织的关键管理人员或与其关系密切的家庭成员设立的其他民间非营利组织。

此外，以面向社会开展慈善活动为宗旨的民间非营利组织（包括社会团体、基金会、社会服务机构等），与《中华人民共和国慈善法》所规定的主要捐赠人也构成关联方。

（三）本解释所称关联方交易，是指关联方之间转移资源、劳务或义务的行为，而不论是否收取价款。关联方交易的类型通常包括以下各项：

1. 购买或销售商品及其他资产。

2. 提供或接受劳务。

3. 提供或接受捐赠。

4. 提供资金。

5. 租赁。

6. 代理。

7. 许可协议。

8. 代表民间非营利组织或由民间非营利组织代表另一方进行债务结算。

9. 关键管理人员薪酬。

十三、关于生效日期

本解释自公布之日起施行。

财政部 税务总局 民政部关于公益性捐赠税前扣除有关事项的公告

财政部 税务总局 民政部公告 2020年第27号

为贯彻落实《中华人民共和国企业所得税法》及其实施条例、《中华人民共和国个人所得税法》及其实施条例，现就公益性捐赠税前扣除有关事项公告如下：

一、企业或个人通过公益性社会组织、县级以上人民政府及其部门等国家机关，用于符合法律规定的公益慈善事业捐赠支出，准予按税法规定在计算应纳税所得额时扣除。

二、本公告第一条所称公益慈善事业，应当符合《中华人民共和国公益事业捐赠法》第三条对公益事业范围的规定或者《中华人民共和国慈善法》第三条对慈善活动范围的规定。

三、本公告第一条所称公益性社会组织，包括依法设立或登记并按规定条件和程序取得公益性捐赠税前扣除资格的慈善组织、其他社会组织和群众团体。公益性群众团体的公益性捐赠税前扣除资格确认及管理按照现行规定执行。依法登记的慈善组织和其他社会组织的公益性捐赠税前扣除资格确认及管理按本公告执行。

四、在民政部门依法登记的慈善组织和其他社会组织（以下统称社会组织），取得公益性捐赠税前扣除资格应当同时符合以下规定：

（一）符合企业所得税法实施条例第五十二条第一项到第八项规定的条件。

（二）每年应当在3月31日前按要求向登记管理机关报送经审计的上年度专项信息报告。报告应当包括财务收支和资产负债总体情况、开展募捐和接受捐赠情况、公益慈善事业支出及管理费用情况（包括本条第三项、第四项规定的比例情况）等内容。

首次确认公益性捐赠税前扣除资格的，应当报送经审计的前两个年度的专项信息报告。

（三）具有公开募捐资格的社会组织，前两年度每年用于公益慈善事业的支出占上年总收入的比例均不得低于70%。计算该支出比例时，可以用前三年收入平均数代替上年总收入。

不具有公开募捐资格的社会组织，前两年度每年用于公益慈善事业的支出占上年末净资产的比例均不得低于8%。计算该比例时，可以用前三年年末净资产平均数代替上年末净资产。

（四）具有公开募捐资格的社会组织，前两年度每年支出的管理费用占当年总支出的比例均不得高于10%。

不具有公开募捐资格的社会组织，前两年每年支出的管理费用占当年总支出的比例均不得高于12%。

（五）具有非营利组织免税资格，且免税资格在有效期内。

（六）前两年度未受到登记管理机关行政处罚（警告除外）。

（七）前两年度未被登记管理机关列入严重违法失信名单。

（八）社会组织评估等级为3A以上（含3A）且该评估结果在确认公益性捐赠税前扣除资格时仍在有效期内。

公益慈善事业支出、管理费用和总收入的标准和范围，按照《民政部 财政部 国家税务总局关于印发〈关于慈善组织开展慈善活动年度支出和管理费用的规定〉的通知》（民发〔2016〕189号）关于慈善活动支出、管理费用和上年总收入的有关规定执行。

按照《中华人民共和国慈善法》新设立或新认定的慈善组织，在其取得非营利组织免税资格的当年，只需要符合本条第一项、第六项、第七项条件即可。

五、公益性捐赠税前扣除资格的确认按以下规定执行：

（一）在民政部登记注册的社会组织，由民政部结合社会组织公益活动情况和日常监督管理、评估等情况，对社会组织的公益性捐赠税前扣除资格进行核实，提出初步意见。

根据民政部初步意见，财政部、税务总局和民政部对照本公告相关规定，联合确定具有公益性捐赠税前扣除资格的社会组织名单，并发布公告。

（二）在省级和省级以下民政部门登记注册的社会组织，由省、自治区、直辖市和计划单列市财政、税务、民政部门参照本条第一项规定执行。

（三）公益性捐赠税前扣除资格的确认对象包括：

1. 公益性捐赠税前扣除资格将于当年末到期的公益性社会组织；

2. 已被取消公益性捐赠税前扣除资格但又重新符合条件的社会组织；

3. 登记设立后尚未取得公益性捐赠税前扣除资格的社会组织。

（四）每年年底前，省级以上财政、税务、民政部门按权限完成公益性捐赠税前扣除资格的确认和名单发布工作，并按本条第三项规定的不同审核对象，分别列示名单及其公益性捐赠税前扣除资格起始时间。

六、公益性捐赠税前扣除资格在全国范围内有效，有效期为三年。

本公告第五条第三项规定的第一种情形，其公益性捐赠税前扣除资格自发布名单公告的次年 1 月 1 日起算。本公告第五条第三项规定的第二种和第三种情形，其公益性捐赠税前扣除资格自发布公告的当年 1 月 1 日起算。

七、公益性社会组织存在以下情形之一的，应当取消其公益性捐赠税前扣除资格：

（一）未按本公告规定时间和要求向登记管理机关报送专项信息报告的；

（二）最近一个年度用于公益慈善事业的支出不符合本公告第四条第三项规定的；

（三）最近一个年度支出的管理费用不符合本公告第四条第四项规定的；

（四）非营利组织免税资格到期后超过六个月未重新获取免税资格的；

（五）受到登记管理机关行政处罚（警告除外）的；

（六）被登记管理机关列入严重违法失信名单的；

（七）社会组织评估等级低于 3A 或者无评估等级的。

八、公益性社会组织存在以下情形之一的，应当取消其公益性捐赠税前扣除资格，且取消资格的当年及之后三个年度内不得重新确认资格：

（一）违反规定接受捐赠的，包括附加对捐赠人构成利益回报的条件、以捐赠为名从事营利性活动、利用慈善捐赠宣传烟草制品或法律禁止宣传的产品和事项、接受不符合公益目的或违背社会公德的捐赠等情形；

（二）开展违反组织章程的活动，或者接受的捐赠款项用于组织章程规定用途之外的；

（三）在确定捐赠财产的用途和受益人时，指定特定受益人，且该受益人与捐赠人或公益性社会组织管理人员存在明显利益关系的。

九、公益性社会组织存在以下情形之一的，应当取消其公益性捐赠税前扣除资格且不得重新确认资格：

（一）从事非法政治活动的；

（二）从事、资助危害国家安全或者社会公共利益活动的。

十、对应当取消公益性捐赠税前扣除资格的公益性社会组织，由省级以上财政、税务、民政部门核实相关信息后，按权限及时向社会发布取消资格名单公告。自发布公告的次月起，相关公益性社会组织不再具有公益性捐赠税前扣除资格。

十一、公益性社会组织、县级以上人民政府及其部门等国家机关在接受捐赠时，应当按照行政管理级次分别使用由财政部或省、自治区、直辖市财政部门监（印）制的公益事业捐赠票据，并加盖本单位的印章。

企业或个人将符合条件的公益性捐赠支出进行税前扣除，应当留存相关票据备查。

十二、公益性社会组织登记成立时的注册资金捐赠人，在该公益性社会组织首次取得公益性捐赠税前扣除资格的当年进行所得税汇算清缴时，可按规定对其注册资金捐赠额进行税前扣除。

十三、除另有规定外，公益性社会组织、县级以上人民政府及其部门等国家机关在接受企业或个人捐赠时，按以下原则确认捐赠额：

（一）接受的货币性资产捐赠，以实际收到的金额确认捐赠额。

（二）接受的非货币性资产捐赠，以其公允价值确认捐赠额。捐赠方在向公益性社会组织、县级以上人民政府及其部门等国家机关捐赠时，应当提供注明捐赠非货币性资产公允价值的证明；不能提供证明的，接受捐赠方不得向其开具捐赠票据。

十四、为方便纳税主体查询，省级以上财政、税务、民政部门应当及时在官方网站上发布具备公益性捐赠税前扣除资格的公益性社会组织名单公告。

企业或个人可通过上述渠道查询社会组织公益性捐赠税前扣除资格及有效期。

十五、本公告自2020年1月1日起执行。《财政部 国家税务总局 民政部关于公益性捐赠税前扣除有关问题的通知》（财税〔2008〕160号）、《财政部 国家税务总局 民政部关于公益性捐赠税前扣除有关问题的补充通知》（财税〔2010〕45号）、《财政部 国家税务总局 民政部关于公益性捐赠税前扣除资格确认审批有关调整事项的通知》（财税〔2015〕141号）同时废止。

尚未完成2019年度及以前年度社会组织公益性捐赠税前扣除资格确认工作的，各级财政、税务、民政部门按照原政策规定执行。2020年度及以后年度的公益性捐赠税前扣除资格的确认及管理按本公告规定执行。

特此公告。

财政部 税务总局 民政部

2020年5月13日

财政部 国家税务总局关于非营利组织免税资格认定管理有关问题的通知

财税〔2018〕13 号

各省、自治区、直辖市、计划单列市财政厅（局）、国家税务局、地方税务局，新疆生产建设兵团财政局：

根据《中华人民共和国企业所得税法》第二十六条及《中华人民共和国企业所得税法实施条例》第八十四条的规定，现对非营利组织免税资格认定管理有关问题明确如下：

一、依据本通知认定的符合条件的非营利组织，必须同时满足以下条件：

（一）依照国家有关法律法规设立或登记的事业单位、社会团体、基金会、社会服务机构、宗教活动场所、宗教院校以及财政部、税务总局认定的其他非营利组织；

（二）从事公益性或者非营利性活动；

（三）取得的收入除用于与该组织有关的、合理的支出外，全部用于登记核定或者章程规定的公益性或者非营利性事业；

（四）财产及其孳息不用于分配，但不包括合理的工资薪金支出；

（五）按照登记核定或者章程规定，该组织注销后的剩余财产用于公益性或者非营利性目的，或者由登记管理机关采取转赠给与该组织性质、宗旨相同的组织等处置方式，并向社会公告；

（六）投入人对投入该组织的财产不保留或者享有任何财产权利，本款所称投入人是指除各级人民政府及其部门外的法人、自然人和其他组织；

（七）工作人员工资福利开支控制在规定的比例内，不变相分配该组织的财产，其中：工作人员平均工资薪金水平不得超过税务登记所在地的地市级（含地市级）以上地区的同行业同类组织平均工资水平的两倍，工作人员福利按照国家有关规定执行；

（八）对取得的应纳税收入及其有关的成本、费用、损失应与免税收入及其有关的成本、费用、损失分别核算。

二、经省级（含省级）以上登记管理机关批准设立或登记的非营利组织，凡符合规定条件的，应向其所在地省级税务主管机关提出免税资格申请，并提供本通知规定的相关材料；经地市级或县级登记管理机关批准设立或登记的非营利组织，凡符合规定条件的，分别向其所在地的地市级或县级税务主管机关提出免税资格申请，并提供本通知规定的相关材料。

财政、税务部门按照上述管理权限，对非营利组织享受免税的资格联合进行审核确认，并定期予以公布。

三、申请享受免税资格的非营利组织，需报送以下材料：

（一）申请报告；

（二）事业单位、社会团体、基金会、社会服务机构的组织章程或宗教活动场所、宗教院校的管理制度；

（三）非营利组织注册登记证件的复印件；

（四）上一年度的资金来源及使用情况、公益活动和非营利活动的明细情况；

（五）上一年度的工资薪金情况专项报告，包括薪酬制度、工作人员整体平均工资薪金水平、工资福利占总支出比例、重要人员工资薪金信息（至少包括工资薪金水平排名前10的人员）；

（六）具有资质的中介机构鉴证的上一年度财务报表和审计报告；

（七）登记管理机关出具的事业单位、社会团体、基金会、社会服务机构、宗教活动场所、宗教院校上一年度符合相关法律法规和国家政策的事业发展情况或非营利活动的材料；

（八）财政、税务部门要求提供的其他材料。

当年新设立或登记的非营利组织需提供本条第（一）项至第（三）项规定的材料及本条第（四）项、第（五）项规定的申请当年的材料，不需提供本条第（六）项、第（七）项规定的材料。

四、非营利组织免税优惠资格的有效期为五年。非营利组织应在免税优惠资格期满后六个月内提出复审申请，不提出复审申请或复审不合格的，其享受免税优惠的资格到期自动失效。

非营利组织免税资格复审，按照初次申请免税优惠资格的规定办理。

五、非营利组织必须按照《中华人民共和国税收征收管理法》及《中华人民共和国税收征收管理法实施细则》等有关规定，办理税务登记，按期进行纳税申报。取得免税资格的非营利组织应按照规定向主管税务机关办理免税手续，免税条件发生变化的，应当自发生变化之日起十五日内向主管税务机关报告；不再符合免税条件的，应当依法履行纳税义务；未依法纳税的，主管税务机关应当予以追缴。取得免税资格的非营利组织注销时，剩余财产处置违反本通知第一条第五项规定的，主管税务机关应追缴其应纳企业所得税款。

有关部门在日常管理过程中，发现非营利组织享受优惠年度不符合本通知规定的免税条件的，应提请核准该非营利组织免税资格的财政、税务部门，由其进行复核。

核准非营利组织免税资格的财政、税务部门根据本通知规定的管理权限，对非营利组织的免税优惠资格进行复核，复核不合格的，相应年度不得享受税收优惠政策。

六、已认定的享受免税优惠政策的非营利组织有下述情形之一的，应自该情形发生年度起取消其资格：

（一）登记管理机关在后续管理中发现非营利组织不符合相关法律法规和国家政策的；

（二）在申请认定过程中提供虚假信息的；

（三）纳税信用等级为税务部门评定的C级或D级的；

（四）通过关联交易或非关联交易和服务活动，变相转移、隐匿、分配该组织财产的；

（五）被登记管理机关列入严重违法失信名单的；

（六）从事非法政治活动的。

因上述第（一）项至第（五）项规定的情形被取消免税优惠资格的非营利组织，财政、税务部门自其被取消资格的次年起一年内不再受理该组织的认定申请；因上述第（六）项规定的情形被取消免税优惠资格的非营利组织，财政、税务部门将不再受理该组织的认定申请。

被取消免税优惠资格的非营利组织，应当依法履行纳税义务；未依法纳税的，主管税务机关应当自其存在取消免税优惠资格情形的当年起予以追缴。

七、各级财政、税务部门及其工作人员在认定非营利组织免税资格工作中，存在违法违纪行为的，按照《公务员法》《行政监察法》等国家有关规定追究相应责任；涉嫌犯罪的，移送司法机关处理。

八、本通知自2018年1月1日起执行。《财政部、国家税务总局关于非营利组织免税资格认定管理有关问题的通知》（财税〔2014〕13号）同时废止。

财政部 税务总局

2018年2月7日

财政部、民政部关于进一步明确公益性社会组织申领公益事业捐赠票据有关问题的通知

财综〔2016〕7号

各省、自治区、直辖市、计划单列市财政厅（局）、民政厅（局），新疆生产建设兵团财务局、民政局：

随着我国公益事业的发展和社会公众公益慈善意识的增强，公益性社会组织逐渐成为接受公益事业捐赠的重要主体。为进一步明确公益性社会组织申领公益事业捐赠票据有关问题，现通知如下：

一、在民政部门依法登记，并从事公益事业的社会团体、基金会和民办非企业单位（以下简称公益性社会组织），按照《公益事业捐赠票据使用管理暂行办法》规定，可以到同级财政部门申领公益事业捐赠票据。

二、公益事业捐赠票据实行凭证领用（购）、分次限量、核旧领（购）新的申领制度。

公益性社会组织首次申领公益事业捐赠票据时，应按规定程序先行申请办理《财政票据领用（购）证》，并提交申请函、民政部门颁发的登记证书、组织机构代码证书副本原件及复印件、单位章程（章程中应当载明本组织开展公益事业的具体内容），以及财政部门规定的其他材料。财政部门依据《财政票据管理办法》和《公益事业捐赠票据使用管理暂行办法》，对公益性社会组织提供的申请材料进行严格审核，

对符合公益事业捐赠票据管理规定的申请，予以核准，办理《财政票据领用（购）证》，并发放公益事业捐赠票据。

公益性社会组织再次申领公益事业捐赠票据时，应当出示《财政票据领用（购）证》，并提交前次公益事业捐赠票据使用情况，包括册（份）数、起止号码、使用份数、作废份数、收取金额及票据存根等内容。财政部门对上述内容审核合格后，核销其票据存根，并继续发放公益事业捐赠票据。

三、公益性社会组织接受捐赠应当遵守相关法律、行政法规规定，遵循自愿、无偿原则，并严格按照《财政票据管理办法》和《公益事业捐赠票据使用管理暂行办法》使用公益事业捐赠票据，自觉接受财政部门的监督检查。

四、各级财政部门应当加强对公益性社会组织领用（购）、使用、保管公益事业捐赠票据的监督检查，发现违规使用公益事业捐赠票据问题，应予以严肃查处，并及时向有关部门通报，确保票据管理规范有序。

五、各级民政部门要督促公益性社会组织做好公益事业捐赠票据使用管理工作，并将公益性社会组织使用公益事业捐赠票据情况纳入年度检查、评估、执法监察以及公益性社会组织信用信息记录等工作体系中，加强对公益性社会组织监管。

财政部 民政部

2016 年 2 月 14 日

民政部关于进一步规范社会团体涉企收费等行为切实减轻企业负担的通知

民发〔2017〕139号

各省、自治区、直辖市民政厅（局），各计划单列市民政局，新疆生产建设兵团民政局：

党中央、国务院高度重视清理规范涉企收费、减轻企业负担工作，对清理规范社会团体涉企收费多次提出要求和作出部署。目前，我国社会团体共33.6万个，在促进经济社会发展中发挥了积极作用。但是，有些社会团体在涉企收费中暴露出较多问题，有的违规收取会费，有的借用评比达标表彰收费，有的利用政府名义收费，有的利用资格评价收费，有的收费标准不合理，有的社团“只收费没服务”，有的企业加入多家社团，加重了企业负担，社会反映强烈，迫切需要规范。为贯彻落实中央精神，切实减轻企业负担，现就进一步规范社会团体涉企收费等行为通知如下：

一、加快行业协会商会脱钩改革

行业协会商会脱钩改革，是厘清政府与行业协会商会的职能边界、切断行业协会商会和行政机关的利益链条、实现行业协会商会“去行政化”的治本之策。要按照行业协会商会与行政机关脱钩联合工作组第三次会议要求，稳妥有序地推进行业协会商会脱钩试点，按时完成第二批全国性协会商会脱钩试点，各地在9月底前完成第二批试点，2018

年2月底前完成第三批全国性行业协会商会试点，通过脱钩试点和评估总结，为全面推开脱钩改革提供指导和示范，从制度上解决行业协会商会依托政府部门或利用行政影响力违规收费的问题。同时，各级民政部门要在脱钩试点中，按照“谁主管、谁负责”的原则，深入落实行业协会商会综合监管体制，着力发挥党的领导、政府部门监管和协会商会自治自律作用，积极配合相关部门加强对行业协会商会非营利性的监督，规范行业协会商会的收费行为。

二、重点查处社会团体违法违规收费行为

各级民政部门在清理规范行业协会商会涉企收费工作中，要联合有关部门重点查处行业协会商会下列违法收费行为：强制入会并以此为目的收取会费（法律法规有规定的除外）；利用政府名义或政府委托事项为由擅自设立收费项目、提高收费标准；强制会员付费参加各类会议、培训、展览、评比、达标、表彰活动及出国考察等；强制会员赞助、捐赠、订购有关产品或刊物；以担任理事（常务理事）、负责人为名向会员收取费用（会费除外）。在日常监管中要对社会团体违反规定收取会费、强制收费、评比达标表彰收费、利用政府名义或政府委托事项为由擅自收费等行为重点排查和监管。

三、鼓励社会团体主动清理不合理的收费行为

各级民政部门要深入动员，积极引导广大社会团体贯彻落实党中央、国务院决策部署，主动降低会费和收费，减轻企业负担，与行业和企业共度时艰。鼓励社会团体主动取消不合理的收费项目，降低收费偏高、盈利较多服务项目的收费标准。对会费档次较多，标准过高的社会团体，引导其调整会费档次、降低会费标准。对于会费结余较多的社会团体，鼓励其主动减免企业会员会费。

四、规范社会团体收费行为

社会团体收取会费，应当严格执行《民政部 财政部关于取消社会团体会费标准备案规范会费管理的通知》（民发〔2014〕166号）制定或修改会费标准，须经会员大会（会员代表大会）以无记名投票方式表决通过。社会团体收取了会费，就应当为会员提供相应的服务，严禁只收费不服务。依据法律、行政法规、国务院规定或经国务院职业资格审批机构批准，按照行政事业性收费相关审批规定，社会团体依法组织实施全国性职业资格考试，以及实施鉴证类资格认定收取的相关费用，纳入行政事业性收费管理。实行市场调节价的经营服务性收费，要严格落实价格法律法规和相关规定，按照公平、合法、诚实守信的原则确定收费标准，为委托人提供质价相符的服务，切实维护公平竞争的市场环境。

五、规范社会团体发展会员行为

全国性社会团体，一般吸收在全国有代表性的企业会员；省一级的社会团体，一般吸收在本省有代表性的企业会员。社会团体要坚持入会自愿、退会自由的原则，不得依托政府部门、利用团体的垄断优势强制入会和阻碍退会。社会团体凡有违法强制入会和阻碍退会的，企业和社会各界均可向同级社会组织登记管理机关举报，登记管理机关应及时受理并将调查处理结果公之于众。各级民政部门要加大宣传力度，倡导企业本着“自愿”、“有用”、“精简”的原则，有选择、有甄别、有控制地加入社会团体，提示企业对违法强制入会和阻碍退会的，有权坚决回绝，必要时向社会组织登记管理机关举报。

六、严格社会团体财务管理

社会团体要按照《中华人民共和国会计法》和《民间非营利组织会计制度》（财会〔2004〕7 号）等规定，严格财务管理。社会团体财务收支必须全部纳入单位法定账户，不得使用其他单位或个人的银行账户进行账务往来，不得账外建账，不得设立“小金库”。社会团体分支（代表）机构不得开设银行基本账户。以社会团体分支（代表）机构名义举办的会议、展览、培训等各类活动所发生的经费往来，必须纳入社会团体法定账户统一管理，不得进入其他单位或个人账户。社会团体不得将自身经费收支与行政机关及企事业单位经费收支混管，不得将收入用于弥补行政经费不足或发放行政机关工作人员各项补贴。社会团体对承接政府职能转移和政府购买服务的经费，要专款专用，不得违规使用。社会团体各项收入除用于组织管理成本和其他合理支出外，应当全部用于章程规定的非营利性事业，盈余不得分配。

七、支持社会团体信息公开

支持社会团体在门户网站公示收费项目和标准，增加透明度，接受会员和社会的监督。社会团体要向会员公开信息，包括年度工作报告、第三方机构出具的报告、会费收支情况以及经理事会研究认为有必要公开的其他信息。遇有广大会员关注的、与社会团体有关且具有重大社会影响的事件时，社会团体要向会员作出临时报告，及时回应。社会团体应加强财务资产信息公开，财务年报以及涉及重大资产变化的所有事项，应及时向会员公开，接受会员监督。

八、加强日常监管和执法查处

各级民政部门要强化日常监管，在年度检查工作中对社会团体会费、服务性收费、捐赠等涉企收费进行检查，在抽查审计中重点检查，通过培训、会议做好政策宣讲和工作指导，要公开受理举报的渠道，做到有案必查。要加大执法查处力度，从严从快查处社会团体依托行政机关、行政审批、政府购买服务、政府委托职能、评比达标表彰等实施的违法违规收费行为，做到发现一起、查处一起、曝光一起。

各级民政部门要把思想和行动统一到党中央、国务院决策部署上来，牢固树立“四个意识”，充分认识规范社会团体涉企收费工作的重要意义，提高政治站位，加强组织领导，做好统筹协调，按照本通知的要求，扎扎实实做好各项工作，持续不断地规范社会团体涉企收费行为，促进社会组织健康有序发展。

各地清理规范社会团体涉企收费、减轻企业负担工作情况，要及时向部社会组织管理局报告。

民政部

2017 年 8 月 3 日

民政部办公厅关于全国性社会组织办理法定代表人离任审计、注销清算审计有关问题的通知

民办函〔2017〕336号

各全国性社会组织：

根据《国务院关于第二批清理规范192项国务院部门行政审批中介服务事项的决定》（国发〔2016〕11号）规定，各全国性社会组织办理法定代表人变更、注销清算，不再要求申请人提供法定代表人离任审计报告、注销清算审计报告，改由审批部门委托有关机构开展法定代表人离任审计、注销清算审计。据此，自2018年1月1日起，全国性社会组织办理法定代表人变更登记、注销登记，由我部委托注册会计师事务所进行审计并承担费用。现将有关事项通知如下：

一、申请人办理法定代表人变更登记，应当向我部一次性提交《社会团体／基金会／社会服务机构变更登记申请表》和《社会团体／基金会／社会服务机构法定代表人登记表》。我部委托注册会计师事务所开展法定代表人离任审计后，根据审计情况作出同意或不同意变更的决定。

二、申请人办理注销登记，应当向我部一次性提交注销登记申请书、《社会团体／基金会／社会服务机构注销申请表》、债权债务公告、社会团体／基金会／社会服务机构清算报告书，社会组织履行内部程序有关文件；有业务主管单位的，还应提交业务主管单位同意注销登记

的文件。我部委托注册会计师事务所开展注销清算审计后，作出同意或不同意注销的决定。

三、我部目前正在开展注册会计师事务所招标工作，待注册会计师事务所确定后，将在中国社会组织网发布中标名单，并明确申请法定代表人离任审计、注销清算审计的办理流程和要求。全国性社会组织在此期间办理法定代表人变更登记、注销登记的，可待中标注册会计师事务所名单发布后，再进行相关审计工作。

民政部办公厅

2017 年 12 月 21 日

民政部、财政部、中国人民银行关于加强社会团体分支（代表）机构财务管理的通知

民发〔2014〕259号

各省、自治区、直辖市民政厅（局）、财政厅（局），各计划单列市民政局、财政局，新疆生产建设兵团民政局、财务局，中国人民银行上海总部，各分行、营业管理部，各省会（首府）城市中心支行，深圳市中心支行，国家开发银行，各政策性银行、国有商业银行、股份制商业银行，中国邮政储蓄银行：

为加强社会团体分支（代表）机构财务管理，根据《社会团体登记管理条例》、《民间非营利组织会计制度》以及有关法规政策，现就社会团体分支（代表）机构财务管理有关事宜通知如下：

一、社会团体分支（代表）机构属于社会团体的组成部分，不具有法人资格，法律责任由设立该分支（代表）机构的社会团体承担。社会团体分支（代表）机构的全部收支应当纳入社会团体财务统一核算、管理，不得计入其他单位、组织或个人账户。

二、社会团体分支（代表）机构不得开设银行账户。本通知下发前社会团体分支（代表）机构已经开立的银行账户，应当在分支（代表）机构登记证书有效期满后撤销。

三、社会团体开立专用存款账户的名称可以为社会团体名称后加分支（代表）机构名称，专用存款账户的预留签章应与专用存款账户名称一致。

四、内部独立核算的社会团体分支（代表）机构，应单独设置会

计账簿，按照《民间非营利组织会计制度》和社会团体的要求进行会计核算，定期向社会团体报告收支情况，并在每一会计年度终了时将会计报表并入社会团体会计报表。

五、社会团体分支（代表）机构在社会团体授权范围内可以依据社会团体会费标准代表社会团体收取会费，其收取的会费属于该社会团体所有，应当缴入社会团体对应账户统一核算。分支（代表）机构不得单独制定会费标准，不得截留会费收入。

六、社会团体分支（代表）机构经社会团体授权可以代表社会团体接受捐赠收入，捐赠收入应当缴入社会团体对应账户统一核算。分支（代表）机构不得自行接受捐赠收入，不得截留捐赠收入。

七、内部独立核算的社会团体分支（代表）机构使用的会费收据、捐赠票据等由社会团体提供，按照法律法规和社会团体的规定使用，并接受有关政府部门和社会团体的监督管理。

八、社会团体的财务会计报告编制范围和审计报告审计范围应当包含所有分支（代表）机构的全部收支。

九、社会团体应当建立分支（代表）机构财务管理制度，加强内部监督，规范分支（代表）机构的财务管理。

十、各地社会团体登记管理机关、财政、审计、人民银行等部门应当按照部门职责依法对社会团体分支（代表）机构的财务、账户管理情况进行监督检查。发现违法违规问题，依法做出处理。本通知自下发之日起执行。

请中国人民银行上海总部，各分行、营业管理部、省会（首府）城市中心支行、深圳市中心支行将本通知转发至辖区内人民银行分支机构和银行业金融机构。

民政部 财政部 中国人民银行

2014 年 12 月 16 日

中国科协办公厅《关于中国科协所属全国学会进一步加强财务管理的若干规定》的通知

科协办发计字〔2018〕22号

各全国学会、协会、研究会：

为落实中央巡视中国科协反馈意见和中纪委综合派驻纪检组要求，进一步加强各全国学会、协会、研究会财务管理，中国科协制定了《关于中国科协所属全国学会进一步加强财务管理的若干规定》，现印发你们，并将有关落实事项通知如下。

一、请按照本规定，对本学会财务管理进行一次全面对照检查，并将财务管理对照检查和整改报告于2018年9月30日前报送中国科协计划财务部。

中国科协将组织对全国学会财务管理对照检查和整改情况进行抽查，对对照检查不落实、整改走过场的全国学会将予以通报。

二、请遵照本规定结合财务管理对照检查情况，制定和修订完善本学会财务管理制度，全面加强财务内控管理，并将本学会财务管理制度文件于2018年10月31日前报送中国科协计划财务部备案。

三、中国科协将通过巡视、财务专项检查等方式，加强对全国学会财务管理的监督，同时开展全国学会财务内控管理培训和交流。

联 系 人：杨　理　赵彬铄

电子信箱：yl@cast.org.cn

联系电话：010-68578286

通信地址：北京市复兴路3号　中国科协计划财务部（100863）

中国科协办公厅

2018年8月20日

关于中国科协所属全国学会进一步加强财务管理的若干规定

为落实中央巡视中国科协反馈意见和中纪委综合派驻纪检组要求，针对中国科协所属全国学会、协会、研究会（以下简称全国学会）财务管理存在的突出问题，依据国家对社会组织管理有关规定和中国科协主管部门职责，结合科协实际情况，现就全国学会进一步加强财务管理做如下规定。

一、严格执行中央八项规定精神。各全国学会要坚决落实中央八项规定精神，切实增强贯彻落实中央八项规定精神的自觉性和坚定性，强化监督执纪问责，以永远在路上的坚韧和执着，巩固拓展落实中央八项规定精神成果。要进一步对标中央八项规定精神，参照中央八项规定出台后严格禁止的财务行为，制定完善财务管理制度，并严格执行。

二、严格执行财务内部控制制度。各全国学会要认真按照权责一致、有效制衡和分事行权、分岗设权、分级授权的要求，围绕收入管理、支出管理、项目管理、资产管理、合同管理等经济业务活动进行流程梳理和风险评估，逐一针对风险点建立健全各项内部控制制度。严格执行会计不得兼任出纳、出纳不得兼管稽核等不相容岗位工作人员互不兼任规定。严格执行理事会、监事会成员及其直系亲属不得担任或兼任会计人员规定。严格执行学会财务收支两条线管理、各项收入不得坐收坐支、盈余不得分红等规定。严格执行分支（代表）机构的全部收支纳入全国学会财务统一核算和管理、不得计入其他单位（组织或个人）账户等规定。

三、严格执行财务信息公开制度。各全国学会要建立完善财务信息公开制度，将会费、社会捐赠（或资助）、政府资助（或专项拨款）、活动（或服务）收入、利息等收入，以及相关支出等财务信息，通过特定的媒介或方式，主动定期向社会公开。财务信息公开应当真实、准确、及时，不得有虚假记载、误导性陈述或重大遗漏。要定期向理事会、监事会（监事）和会员（会员代表）大会报告财务状况，定期向中国科协报送年度财务报告。

四、严格项目实施管理。各全国学会要进一步强化项目管理理念，按照国家和中国科协等相关规定，制定完善并严格执行项目管理办法。全国学会承担的财政项目，必须严格遵守国家财政项目管理和中国科协等相关部门财政项目管理的规定，严格执行项目进度安排，严格专款专用和专账管理，严格执行财政部关于结转和结余资金的有关规定。

五、严格财务审计监督。各全国学会须按照有关规定，明晰记账人员与业务事项和会计事项的审批人员、经办人员、财物保管人员的职责权限。严格执行重大事项决策、重要人事任免、重要项目安排、大额资金的使用，必须经集体讨论作出决定的“三重一大”决策制度。严格执行全国学会定期组织财产清查和会计资料内部审计规定。严格执行全国学会换届或者更换法定代表人前接受财务审计规定。

六、严格查处财务违法违纪问题。中国科协将全力推动中央巡视中国科协反馈意见和中纪委综合派驻纪检组要求在全国学会的全面整改落实，并将其纳入中国科协对全国学会巡视重点，定期组织对全国学会财务内控风险防控的专项检查，对发现的全国学会财务管理突出问题将限期整改。对发现问题严重或整改落实不到位的全国学会，将停止中国科协各类奖励、荣誉、项目等方面的支持；对落实中央八项规定精神不到位，以及不制止、不纠正、不查处财务管理突出问题的，将进行通报；涉及违规违纪的，将按照相关规定移交纪检监察部门处理；构成违法犯罪的，将按照有关法律规定移交司法机关处理。

本规定自印发之日起实施。《关于颁发〈中国科协所属全国性学会经费管理的暂行办法〉的通知》（〔1990〕科协发综字 349 号）和《关于代管部分学会经费的暂行办法》（〔1987〕科协发综字 385 号）同时废止。

中国科协办公厅关于印发《中国科协财政项目管理办法（修订）》的通知

科协办发计字〔2017〕43 号

机关各部门、各直属单位：

《中国科协财政项目管理办法（修订）》已经中国科协九届三十四次书记处会议审议通过。现印发给你们，请遵照执行。

中国科协办公厅
2017 年 12 月 29 日

中国科协财政项目管理办法（修订）

第一章　总　则

第一条　为规范和加强中国科协财政项目管理，提高项目资金使用效益，不断提升科技类社会化公共服务产品供给质量和水平，强化全过程内部控制和廉政风险防控，依据《中华人民共和国预算法》《中央本级项目支出预算管理办法》，以及《中国科学技术协会章程》等，制定本办法。

第二条　本办法所指项目是指中央财政安排中国科协完成科技类社

会化公共服务和事业发展目标的项目，不含基本建设类项目、转移支付类项目。

第三条 本办法适用于中央财政预算安排的中国科协机关部门、直属单位和纳入中国科协预算管理的项目管理活动。

第四条 中国科协财政项目管理遵循科学规划、全程管理、权责匹配、绩效导向的原则。

科学规划。紧紧围绕落实党中央国务院的决策部署、科协系统深化改革、新时代科协事业发展的要求，深入调查研究，充分做好立项论证，围绕中心、遵循规律、突出重点、合理布局，树立用户思维，强化产品化设计，先有项目计划、后有项目预算，做实做细项目预算编制。

全程管理。中国科协财政项目管理按照立项审批、预算编制、预算评审、项目实施、项目验收、绩效评价进行全流程管理，并将财务管理、资产管理和监督检查等贯穿项目实施全过程。

权责匹配。健全职能与财权、事权与财权、责任与财权相匹配的项目管理机制，明晰各方职权和职责，严格执行。

绩效导向。建立全覆盖的以目标为导向的项目绩效评价制度，强化项目绩效目标执行监控，强化绩效考核结果与预算安排挂钩。

第五条 计划财务部门负责组织制定项目管理相关办法，对项目的立项、预算编制、实施进度、验收考核等进行统筹谋划和监督管理。

机关业务部门负责归口项目的立项、预算编制、预算执行、项目实施、项目验收、考核评价等的组织管理。

项目实施单位（部门）负责具体项目的预算编制、预算执行、项目实施、项目总结、绩效自评价等。

第二章　项目立项

第六条　中国科协财政项目立项遵循“事、点、法、数、评”的全要素要求。

“事”是指对项目的描述，包括项目名称、立项依据、项目任务、目标宗旨等内容。“点”是指项目经费的全口径支出事项。“法”是指项目经费支出的方式方法，包括经费来源和去向、资金使用机制、资金用途、项目组织实施方式等。“数”是指项目预算数，依据国家规定的定额、标准以及实际需求进行测算。“评”是指绩效评价的目标、标准和方式，包括项目评价的可量化可考核的任务目标、体现满足“客户需求”精准的效果目标，以及可度量的评价标准和可操作的评价方式等。

第七条　项目设立须具备以下条件：

（一）符合党和国家有关方针政策，落实党中央国务院部署的任务；

（二）符合《中国科学技术协会章程》规定的宗旨和任务；

（三）符合新时代科协组织职责使命、发展规律、深化改革和事业发展要求；

（四）符合满足科技工作者、社会公众需要的科技类社会化公共服务产品；

（五）符合新时代财政资金支持的方向和财政资金供给的范围。

第八条　项目立项程序。

提出立项。由机关业务部门提出包括立项选题、立项依据、实施内容、资金需求等在内的项目立项选题说明（500 字以内），报分管书记同意，计划财务部门定期统一汇总后报书记处审定。

确定立项。根据书记处议定的项目立项选题，由机关业务部门组织编制项目实施方案、开展项目可行性研究论证，组织编写项目预算申报文本，经计划财务部门组织评审后纳入中国科协财政项目库，作为年度财政预算申报的备选项目。

第九条 建立中国科协财政项目库。计划财务部门通过项目库对正在执行项目、已完成项目、备选项目等实施统一管理，机关业务部门、项目实施单位（部门）根据授权使用项目库。

第三章 项目预算编报

第十条 项目预算分为新增项目预算和延续项目预算。

新增项目，是指预算年度新设立的项目。新增项目须从中国科协财政项目库中选取。

延续项目，是指预算年度以前已设立，须在预算年度及以后年度继续安排的项目。延续项目名称和内容不得自行变更。如须变更，按新增项目立项管理程序论证和报批。

第十一条 项目预算须明确项目实施周期。项目实施周期一般不超过 5 年，项目到期后须进行验收。验收后须继续安排的，按新增项目论证和报批。项目周期一经确定，原则上不得调整；确需调整的，按新增项目程序报批。

第十二条 编制项目预算须按照“厉行节约、勤俭办事”的原则，严格控制三公经费，严格控制会议费、培训费、劳务费、专家评审费等一般性支出，提高项目预算编制的科学性、规范性和有效性，强化中国科协中期（三年）财政支出规划对年度预算的约束。

第十三条 以下事项不得编入项目预算：

（一）应纳入预算单位基本支出预算开支的费用；

（二）应列支基建支出的费用；

（三）与项目实施无关的费用；

（四）国家财政财务规定不能列支的其他费用。

第十四条 机关业务部门通过购买服务方式确定承担单位的项目，管理性费用按照国家有关规定根据需要编入项目年度预算，并按照分段超额累退比例法测算，控制在项目预算总额的一定比例内。测算比例如下：

项目预算在100万元及以下的部分按照8%的比例测算；

超过100万元至500万元的部分按照5%的比例测算；

超过500万元至1000万元的部分按照2%的比例测算；

超过1000万元的部分按照1%的比例测算。

第十五条 项目预算编报须按照财政部关于编报中期（三年）财政规划和年度部门预算的有关规定进行，实行“二上二下”的编报程序。

（一）“一上”预算。机关业务部门按照轻重缓急的原则，从项目库中择优选取备选项目，组织编制三年支出规划及预算建议方案，报分管书记同意后，报送计划财务部门。计划财务部门组织对机关业务部门上报的项目预算进行评审，依据评审意见，统筹规划、科学测算、合理编制中国科协三年支出规划及预算建议方案，提请书记处审议通过后，按程序报财政部，简称“一上”。

（二）“一下”预算。财政部门下达的三年支出规划控制数和下一年度预算控制数，简称“一下”。计划财务部门统筹考虑提出建议分配方案，报经书记处审议批准后，下达到机关业务部门。

（三）“二上”预算。机关业务部门根据财政部“一下”预算控制数和编报要求组织编制全口径支出预算，并报计划财务部门。计划财务部门在年度支出预算总额规模内，汇总形成中国科协下一年度预算、三年支出规划方案和年度部门预算方案，按程序报送财政部，简称“二上”。

（四）“二下”预算。两会通过后，财政部门下达三年支出规划和年度部门预算批复方案，计划财务部门据此将项目预算分解批复到项目实施单位（部门）具体执行，简称“二下”。

第四章　组织实施

第十六条　计划财务部门负责项目实施的指导和监督，指导制定专项实施管理细则，督促项目执行、绩效目标执行监控、绩效自评价和总结验收，组织项目绩效评价和专项检查。

第十七条　机关业务部门负责归口管理项目的组织实施和管理，负责制定和印发专项实施管理细则，督促项目执行，组织开展绩效目标执行监控、绩效自评价和总结验收。

机关业务部门须按照先有管理办法、后组织实施的原则，组织项目实施单位（部门）制定相应专项实施管理细则，对专项的名称、宗旨、内容、组织实施方式、资金支出事项、资金来源、资金支出方式、资金管理、内部控制、过程监督、考核评价等作出具体明确规定。专项实施管理细则须经计划财务部门审核后，报机关业务部门分管书记审批同意，由机关业务部门印发实施。新立项项目的实施细则应在“一下”预算下达后组织制定，在预算批复后印发实施。

第十八条　项目实施单位（部门）是项目实施的主体责任单位，对项目的具体实施、资金使用管理、绩效目标实现负有主体责任，配合机关业务部门组织开展绩效目标执行监控、绩效自评价和总结验收，配合计划财务部门组织开展项目绩效评价和专项检查。

第十九条　项目实施单位（部门）在“二上”预算报送后30天内，向计划财务部门报送项目实施进度、预算执行等计划。项目实施单位（部门）在“二上”预算报送后，即可按照有关规定启动项目实施相关工作。

第二十条 项目一般通过自行实施、购买服务、申报评审等方式组织执行。

购买服务是指项目实施单位（部门）按照国家关于政府采购、政府购买服务等相关规定，通过公开招标、单一来源采购、竞争性磋商等方式确定项目任务具体承担单位。采购的货物、服务和工程在国务院公布的集中采购目录以内，须按政府采购有关规定，由项目实施单位（部门）委托政府集中采购机构实施。采购的货物、服务和工程在国务院公布的集中采购目录以外、分散采购限额标准以上的，须编实编细政府采购预算和计划，做实政府采购需求。采购的货物、服务和工程在国务院公布的集中采购目录以外、分散采购限额标准以下的，原则上须采取竞争方式确定项目任务具体承担单位。项目实施单位（部门）应结合项目特点和相关经费预算，综合物价、工资、税费等因素，合理测算安排购买服务所需支出。

申报评审是指项目实施单位（部门）按照国家有关政策规定，除突发性等特殊情况外，为完成政策性、创新性、探究性等任务，按照公开、公正、竞争的原则，通过申报、评审的方式确定项目任务具体承担单位。项目实施单位（部门）须制定申报评审方案，经机关业务部门、分管书记同意后组织申报和评审，由评审组提出拟承担单位建议名单，通过中国科协官网公示 5 个工作日无异议，按程序会签机关业务部门后报分管书记批准，确定项目任务具体承担单位。申报评审类项目确定后，由机关业务部门印发项目承担任务通知。

第二十一条 合同管理。项目实施单位（部门）凡是通过购买服务、申报评审方式实施的项目，均须以书面形式订立项目合同，明确双方的权利和义务，明确详细的货物、服务、工程等核心指标和组价依据，明确项目具体目标、主要工作任务和验收指标、执行进度和阶段目标，明确违约责任、解决争议的方法等。项目的承担单位不得将合同规定的项目工作任务进行转包。

合同须经机关业务部门审核，视情况报分管书记审定，由项目实施单位（部门）签署，报送计划财务部门备案。

第二十二条 项目预算批复后未经规定程序不得调整调剂。在预算执行中，如工作任务发生重大变化、或遇不可抗拒因素等原因，需要对项目任务和预算等进行调整调剂时，依据以下不同情况管理。

（一）项目内调整，指同项目内子项目间任务、预算等调整和调剂。项目实施单位（部门）须编制包括预算调剂的理由、项目任务、预算金额、绩效目标等在内的预算调剂方案，向机关业务部门实时提出申请，由机关业务部门报分管书记同意后，报送计划财务部门备案。

（二）项目间调整，指不同项目间任务、预算等调整和调剂。机关业务部门须于每年 6 月底前一次性提出申请，编制包括预算调剂的理由、项目任务、预算金额、绩效目标等在内的预算调剂方案，商计划财务部门同意后，提出调整方案报分管书记同意，由计划财务部门按规定报财政部门审批。

第二十三条 项目验收。机关业务部门应加强对项目实施的监管，在项目实施完成 30 天内组织项目实施单位进行项目验收，并形成项目验收报告，作为项目完成和绩效评价的依据。

第五章　资金和资产管理

第二十四条 项目资金管理须严格执行“三重一大”制度。单笔金额在 500 万元（含）以上的资金支出须由机关业务部门报分管书记审定。单笔金额在 2000 万元（含）以上的资金支出须经机关业务部门报书记处会议研究决定。

第二十五条 项目预算批复前，列入下一年度部门预算的项目，项目实施单位（部门）可以根据项目进度，按照“二上”预算的 1/4 左右编报项目资金的用款计划。

项目预算批复后，项目实施单位（部门）严格按照批复的预算、规定的流程和项目实施进度请领拨款，项目资金支付按照国库集中收付制度有关规定执行。根据财政有关规定，实行项目预算执行进度与预算安排挂钩，对执行进度未达到要求的项目核减当年预算。

第二十六条 项目中不得列支以下支出：

（一）应纳入预算单位基本支出预算开支的各项费用；

（二）中国科协机关部门、直属事业单位在职的编制内人员的劳务费、专家评审费等；

（三）罚款、还贷、捐赠、赞助、对外投资等费用；

（四）应列支基建支出的费用；

（五）与项目实施无关的费用；

（六）国家财政财务规定不能列支的其他费用。

第二十七条 项目实施单位（部门）年底尚未执行的项目结转资金，由计划财务部门按规定在下年度统筹使用。预算批复后，连续两年未执行完的结转资金，按国家财政有关规定统一上交国库。

第二十八条 项目形成的固定资产、无形资产等均属国有资产，须按照国家国有资产有关规定执行。

第六章　监督管理和绩效评价

第二十九条 建立完善中国科协评审评价专业机构库，计划财务部门、机关业务部门、项目实施单位（部门）须从中随机抽取专业机构，按规定组织项目预算评审、绩效评价等。

第三十条 建立完善中国科协政府采购代理机构信用记录。

第三十一条 建立完善中国科协财务内控管理信息系统，对项目立项、预算编报、项目合同、实施进度、资金收支、政府采购、资产管理、绩效管理、信用记录等进行全过程实时管理。

第三十二条 健全项目绩效评价制度，对项目的管理规范、目标设定、实施过程、资金管理、投入产出、任务完成、实施效果等进行全面评价。

第三十三条 项目实施单位（部门）须及时完成项目绩效自评价，形成项目绩效自评报告；年内已经完成的项目须在项目完成 30 天内形成项目绩效自评报告，并实时提交。自评报告包括本办法第三十二条规定的全面评价内容，以及管理办法、合同文本、决算报告、项目档案等相关附件。项目实施单位（部门）将自评报告提交机关业务部门审核、报分管书记审阅后，报送计划财务部门备案。

第三十四条 计划财务部门统一集中对上年度项目进行绩效评价，形成绩效评价报告并报书记处审阅。按照政府信息公开有关规定，项目绩效评价结果在一定范围内公开，并与预算安排挂钩。

第三十五条 机关部门、直属事业单位、纳入预算管理的其他单位及其工作人员在项目资金分配、承担单位确定、绩效评价管理等过程中，存在违反规定以及其他滥用职权、玩忽职守、徇私舞弊等违法违纪行为的，按照国家相关规定追究相应责任；涉嫌犯罪的，移送司法机关处理。

第七章 附 则

第三十六条 承担科协系统外单位委托项目以及其他非财政拨款安排的项目，按照国家有关规定及本办法规定的原则进行管理。

第三十七条 本办法由中国科协计划财务部门负责解释。

第三十八条 本办法自发布之日起施行,《关于印发〈中国科协项目管理办法(试行)〉的通知》(科协办发计字〔2006〕39号)同时废止,其他与本办法规定不符的内容按本办法执行。

中国科协办公厅关于印发《中国科协所属全国学会财务管理指引大纲》的通知

科协办函计字〔2019〕163号

各全国学会、协会、研究会：

为全面贯彻落实党的十九届四中全会精神和中央关于群团改革的决策部署，深入落实中共中央办公厅印发的《科协系统深化改革实施方案》，规范全国学会财务管理，促进全国学会治理结构和治理方式现代化，赋能全国学会创新发展，推动建设世界一流学会，本着依法依规、标准规范、公开透明、赋能发展的原则，中国科协制定了《中国科协所属全国学会财务管理指引大纲》，现印发你们，请参照执行。

中国科协办公厅

2019年12月23日

中国科协所属全国学会财务管理指引大纲

第一章　总　则

第一条　为全面贯彻落实党的十九届四中全会精神和中央关于群团改革的决策部署，深入落实中共中央办公厅印发的《科协系统深化改革实施方案》，规范全国学会财务管理，促进全国学会治理结构和治理方式现代化，赋能全国学会创新发展，推动世界一流学会建设，按照《面向建设世界科技强国的中国科协规划纲要》要求，依据《中华人民共和国会计法》《社会团体登记管理条例》《民间非营利组织会计制度》等相关法律法规和《中国科学技术协会章程》，结合全国学会实际，制定本大纲。

第二条　本大纲是针对中国科协业务主管的全国学会财务管理提出的，具有规范性、指导性、引领性、支持性、可操作性的财务管理规程。属中国科协团体会员的全国学会参照执行。

第三条　全国学会应参照本大纲确定的工作规范，进一步完善财务管理制度，提高财务管理水平，控制和防范财务风险。学会工作人员应参照本大纲确定的行为规范，认真落实岗位职责，严格自律，提升业务能力和工作水平。

第四条　学会工作人员，包括与学会建立劳动关系的专职工作人员，以及其他在学会工作的兼职人员、劳务派遣人员、返聘的退（离）休人员和纳入行政事业编制人员等。

第五条　全国学会财务管理应遵循以下基本原则：

一是坚持依法依规原则。依法依规是全国学会财务管理的生命线，要把国家相关法律法规落实到全国学会财务管理的始终，不断增强遵规守法的自觉性。

二是坚持标准规范原则。标准规范是全国学会财务管理的有效手段，要逐步建立完善全国学会财务管理工作标准体系，全面提高学会财务管理规范化水平。

三是坚持公开透明原则。公开透明是全国学会财务管理的基本要求，要主动定期公开真实准确完整的学会财务信息，自觉接受会员和社会监督，不断提高全国学会公信力。

四是坚持赋能发展原则。赋能发展是全国学会财务管理的根本目标，要努力打造支撑世界一流学会建设的财务保障能力，不断赋能学会改革创新发展。

第二章　全国学会财务决策管理

第六条　财务决策管理是指全国学会各层级决策机构，按照规定的权限和程序，就财务方案进行比较选择，并作出决定的过程。

第七条　全国学会应建立完善决策、执行、监督互相制衡的财务决策管理制度。按照民主办会的要求，明确理事会（常务理事会）决策职责、办事机构执行职责和监事会（监事）监督职责；监事会（监事）应列席重大财务事项决策，定期检查财务管理情况；理事长（会长）办公会、秘书长办公会应按照民主集中制原则，对重要财务事项实行集体领导、集体决策。

第八条　全国学会应按管理级次建立财务决策议事规则。会员会费标准的制定和修改应由会员（代表）大会决策。财务决策管理制度的制定和修改、工资总额预算应由会员（代表）大会或理事会决策。重要财务管理制度的制定和修改，薪酬管理制度的制定和修改，接受大额捐赠，大额资产租赁、购置、出租、出借和处置，年度预算、年度财务报告审定，对外投资，对外财务信息披露等重大财务事项应由会员（代表）大会或理事会（常务理事会）决策。其他财务事项可以由办事机构决策。

第九条 全国学会应根据自身发展情况合理确定各类财务事项内部管理流程。重大财务事项应经过民主程序，不得由个人专断；业务复杂、专业性强的财务事项应引入专家论证、第三方评估等，不得盲目决策。

第十条 全国学会应建立完善财务信息公开制度。通过特定的媒介或方式，主动定期向社会公开财务信息，不得有虚假记载、误导性陈述或重大遗漏，保证信息公开真实、准确、完整、及时。要定期向理事会（常务理事会）、监事会（监事）和会员（代表）大会报告财务状况，定期向中国科协报送年度财务报告。

第十一条 全国学会应加强党组织对重大财务事项的领导。已建立党组织的全国学会，应将党组织研究讨论作为理事会（常务理事会）、理事长（会长）办公会、秘书长办公会决策重大财务事项的前置程序。

第十二条 全国学会应自主制定并严格执行《财务决策管理办法》。按照分级授权、分岗设权、分事行权、权责一致的要求，明确重大财务事项的决策机构、执行机构、监督机构及其职责，合理设置岗位权限、限额标准、管理流程，明确责任追究的标准、程序和惩处措施。

第三章 全国学会财务人员配置

第十三条 财务人员配置是指全国学会按照财务管理工作需要，配备具备专业能力的财务人员，并明确其岗位职责权限，对其进行培训和考核的过程。

第十四条 全国学会应按规定设置会计机构。有条件的全国学会，可根据学会业务发展需要，设置会计机构，并配备足够数量的专职会计人员；办事机构规模小、业务活动少的全国学会，可配备一名专职出纳，并委托具备资质的中介机构代理记账。

第十五条 全国学会应按规定设置会计岗位。设置会计机构的全国学会，应按规定合理设置会计岗位，明确各岗位职责权限，可以一人多岗、一岗多人，并指定一名会计主管人员。

第十六条 全国学会应执行财务管理不相容职务相互分离的规定。全国学会应明确会计不得兼任出纳，出纳不得兼管稽核、会计档案保管和收入、支出、费用、债权债务账目的登记工作；明确理事会（常务理事会）、监事会成员及其直系亲属不得担任或兼任本学会会计人员；明确办事机构负责人及其直系亲属不得担任或兼任本学会会计人员；明确会计机构负责人、会计主管人员的直系亲属不得在本学会担任出纳。

第十七条 全国学会法定代表人应对会计工作和会计资料的真实性、准确性、完整性负责。

第十八条 全国学会应支持财务人员提升专业能力。全国学会应严把财务人员选聘、录用关，为财务人员参加业务培训、继续教育等提供更加便利的条件，支持财务人员参加中国科协举办的各类业务培训，全面促进财务人员职业道德和专业能力提升。

第十九条 鼓励有条件的全国学会适当提高财务人员薪酬待遇，确保其薪酬标准不低于学会其他业务人员。

第二十条 全国学会应按规定制定并严格执行《会计机构管理和会计工作规范》，明确会计岗位轮换要求、财务人员考核评价标准及奖惩机制。

第四章　全国学会预算管理

第二十一条　预算管理是指全国学会对未来业务活动和相应财务结果进行充分全面的预测和筹划，并通过对执行过程的监控和分析，及时改善和调整业务活动。

第二十二条　全国学会应实施预算管理，依据章程规定的宗旨和业务范围科学编制年度预算。鼓励有条件的全国学会建立全面预算管理制度。

第二十三条　全国学会年度预算应由理事会（常务理事会）批准或确认，并严格执行。鼓励有条件的全国学会将全部收支纳入年度预算，严格控制无预算支出、超预算支出，对年度预算内资金实行责任人限额审批。

第二十四条　全国学会应明确年度预算调整程序和权限。年度预算内调整可由全国学会办事机构集体决策；年度预算之外的支出事项，由全国学会办事机构集体研究提出，并经理事会（常务理事会）确认后补充编入年度预算。

第二十五条　全国学会年度预算执行情况应定期向理事会（常务理事会）、监事会（监事）报告。

第二十六条　全国学会可视情况制定《预算管理办法》，并在其中明确年度预算编制程序，明确预算执行监控措施。

第五章　全国学会收入（收费）管理

第二十七条　收入是指全国学会在日常业务活动中形成的、会导致净资产增加的经济利益或服务潜力的总流入。全国学会收入主要包括捐赠收入、会费收入、提供服务收入、政府补助收入、投资收益、商品销售收入等主要业务活动收入和其他收入。全国学会收费主要包括会员会费、经营服务性收费等。

第二十八条 全国学会收入（收费）应符合章程规定的宗旨和业务范围。全国学会应将全部收入纳入法定账户统一管理，严格执行“收支两条线”政策，严禁账外建账或坐收坐支，杜绝“小金库”。各类收费应履行章程规定的程序，不得以任何方式强制企业或者个人入会、摊派会费、派捐索捐、强拉赞助。

第二十九条 全国学会的收入必须全部用于章程规定的非营利性事业，除列支学会管理、开展业务活动等必要成本及与学会有关的其他合理支出外，盈余不得分配。

第三十条 全国学会应按民间非营利组织会计制度正确核算收入。全国学会应按类别及时、完整、准确核算各类收入，准确区分政府补助收入和经营服务性收入，不得长期挂账、跨期核算。

第三十一条 全国学会会员会费标准的制定或修改应由全国学会会员（代表）大会表决通过，表决采取无记名投票方式进行；会员会费标准的额度应当明确，不得具有浮动性。

第三十二条 全国学会接受捐赠应坚持自愿和无偿原则，且须符合本学会章程规定的宗旨和业务范围，并向捐赠人出具合法有效的公益事业捐赠票据。全国学会接受大额捐赠时，须与捐赠人订立捐赠合同，捐赠合同约定的用途应当符合章程规定的业务范围。全国学会接受捐赠情况应主动定期向社会公开。

第三十三条 全国学会经营服务性收费应遵循自愿、公平、公开的原则，不得具有强制性、垄断性，不得转包或委托与学会负责人、分支机构负责人有直接利益关系的个人或组织实施，收费标准应向社会公示。

第三十四条 全国学会不得违规向企业收费。全国学会向企业收取单位会员会费的，应遵循自愿原则，不得强制企业入会、摊派会费；接受企业捐赠的，应遵循自愿、无偿原则，不得向企业派捐索捐；向企业收取经营服务性收费的，应遵循自愿、公平、公开原则，不得向企业强拉赞助。

第三十五条 全国学会经费收入不得与行政机关及企事业单位混管。全国学会收入不得用于弥补其他行政事业单位经费不足，或发放其他行政事业单位工作人员各项补贴。

第三十六条 全国学会不得利用行政机关影响或行政资源牟利，不得借行政机关的登记、验证、年检等行政行为搭车收费，不得利用所掌握的会员信息、行业数据、捐赠人和受赠人信息等不当牟利。

第三十七条 全国学会应自主制定并严格执行《收入（收费）管理办法》，明确各类收费的依据、范围、标准和程序，明确各类收入（收费）信息公开的范围、方式和内容，明确各类应收账款的内部管理规范。

第六章 全国学会支出管理

第三十八条 支出是指全国学会在日常活动中发生的现金流出。现金包括库存现金、银行存款和其他货币资金等。

第三十九条 全国学会应认真贯彻落实中央“八项规定”精神，根据章程规定的宗旨和业务范围自主制定主要支出事项的标准并严格执行。按规定记入全国学会政府补助收入科目的财政项目资金，在支出时须严格按照国家有关规定和财政项目委托单位制定的支出标准执行。按规定记入全国学会政府补助收入科目之外的财政项目资金，与财政项目委托单位有明确约定的，在支出时按约定执行；与财政项目委托单位没有明确约定的，在支出时可按学会标准执行。

第四十条 全国学会应自主制定并严格执行《支出报销规范》，明确各主要类别支出的内容、标准、报销程序、审批权限，明确不予报销事项。

第四十一条 全国学会会员会费支出应主要用于会员服务的成本支出。

第四十二条 全国学会捐赠支出应符合捐赠合同约定的范围和事项支出，专款专用、专账管理，并与捐赠收入配比。

第四十三条 全国学会可自主制定会议费支出标准。其中，全国学会工作性会议，如全体理事会议、常务理事会议等，涉及的住宿、餐饮、场地租赁等有市场公开报价的采购事项，采购价格一般不宜超过公开报价。

第四十四条 全国学会可自主制定培训费支出标准。其中，全国学会内部培训，如学会工作人员业务技能培训、职业道德培训等，涉及的住宿、餐饮、场地租赁等有市场公开报价的采购事项，采购价格一般不宜超过公开报价。

第四十五条 全国学会应加强国内差旅费管理。城际交通费应参照《中央国家机关差旅费管理办法》规定的交通工具等级确定，住宿费应参照中央和国家机关工作人员赴地方差旅住宿费标准执行，其中，高级专业技术职称专家可参照“司局级及相当职务人员”标准执行，院士及国内知名专家可参照“部级及相当职务人员”标准执行。全国学会工作人员出差期间，无相关单位统一安排用餐的，可按每人每天 100 元领取伙食补助；市内交通费可据实报销，也可由学会另行制定管理规定。

第四十六条 全国学会应加强支出审核管理。全国学会支出申请和审批岗位应相互分离，支出报销应重点审核经济活动及其相应的内部审批手续、票据等原始凭证的真实性、合规性、完整性、时效性。

第四十七条 全国学会应明确不予报销的支出事项。一般情况下，全国学会不予报销的支出事项应包括：燕窝、鱼翅等高档菜肴，用野生保护动物制作的菜肴；烟酒、土特产品、烟花爆竹、年历等物品；花卉、水果、年货节礼（不含慰问离退休人员、老专家，以及发放正常职工福利）；贺卡、明信片、礼品、纪念品（不含赠送重要专家的单价在 200 元及以下的，以及按照对等原则赠送国际组织和国际友人的贺卡、明信片、礼品、纪念品）；旅游、健身和高消费娱乐活动；违反规定到风景名胜区举办会议和活动发生的费用；其他不予报销事项（如个人因私消费事项等）；超出章程规定的宗旨和业务范围的支出事项。

第七章　全国学会工作人员薪酬管理

第四十八条 薪酬管理是指全国学会依据有关规定，对学会工作人员薪酬支付原则、薪酬水平、薪酬结构、薪酬构成进行确定、分配和调整的动态管理过程。

第四十九条 全国学会对内部薪酬分配享有自主权，应按有关规定自主制定学会工作人员薪酬标准，充分体现学会的非营利性。在学会工作的劳务派遣人员、纳入行政事业编制人员的薪酬按照国家相关规定执行。

第五十条 全国学会应建立薪酬水平正常增长机制。全国学会薪酬水平应与办事机构所在地的经济发展水平相协调、与学会事业发展相适应。鼓励有条件的全国学会根据办事机构所在地上一年度城镇单位就业人员平均工资水平确定学会专职工作人员起薪水平。

第五十一条 全国学会应实行工资总额预算管理制度。全国学会应将工资总额预算纳入年度预算，经会员（代表）大会或理事会批准后严格执行，不得超提、超发薪酬。全国学会专职工作人员平均工资水平，一般不宜超过办事机构所在地上一年度同行业同类组织平均工资水平的 2 倍。

第五十二条 全国学会应实行岗位绩效工资制，其中专职人员的薪酬一般由基础工资、绩效工资、津贴和补贴等部分构成。全国学会应将学会工作人员绩效工资与其个人业绩紧密挂钩，科学评价不同岗位人员的贡献，合理拉开收入差距，做到收入能增能减和奖惩分明。

第五十三条 全国学会应合理设置不同岗位、不同层级之间的薪酬结构。全国学会应对关键岗位和核心人才，以及有突出贡献的学会工作人员加大激励力度。

第五十四条 全国学会行政管理人员的薪酬应列入管理费用，不得列入业务活动成本。

第五十五条 全国学会向学会工作人员支付工资时，应提供工资清单。

第五十六条 全国学会应与学会专职工作人员平等协商，在协商一致的基础上签订劳动合同。对于通过市场化选聘和管理的学会办事机构负责人、引进的急需紧缺专业人才的薪酬水平，可结合学会自身发展实际，参照市场的人力资源部门公布的薪酬水平或双方协商确定。非市场化选聘和管理的全国学会负责人（包括组织委派）工资水平不得超过上一年度本学会专职工作人员平均工资的 4 倍。

第五十七条 全国学会应按规定为学会专职工作人员缴存社会保险和住房公积金。

有条件的全国学会，应为学会专职工作人员建立企业年金及其他补充保险。

第五十八条 全国学会应实行绩效考核，考核结果直接与学会工作人员绩效工资挂钩。

第五十九条 全国学会应严格执行国家规定的劳动定额标准。全国学会安排工作人员加班的，应当给予相应的补休，不能补休的应按照国家有关规定支付加班费。

第六十条 在全国学会兼任理事长（会长）、副理事长（副会长）、监事长、监事、秘书长、副秘书长的人员，且无限制性规定的，可按规定标准领取薪酬；未领取薪酬的，可适当安排工作经费，但不得超过规定标准和实际支出。本条款所述兼职人员领取薪酬的情况应向会员（代表）大会公开。

其中，党政机关领导干部、退（离）休领导干部、公务员和国有独资企业、国有控股企业（含国有独资金融企业和国有控股金融企业）及其分支机构的领导班子成员，在全国学会兼任本条款所述学会职务的，按规定不得领取任何报酬。

第六十一条 党政机关领导干部不得在全国学会兼任领导职务；因特殊情况确需在全国学会兼职的，应由中国科协业务管理部门征得干部所在单位同意，并经干部所在单位组织、人事部门审核后，由干部主管部门按规定程序报批。

党政机关领导干部兼任全国学会领导职务的（包括兼任全国学会分支机构负责人的），不得领取任何报酬。确需全国学会安排工作经费的，应向批准兼职的有关机关报备，且不得超过规定标准和实际支出。

党政机关领导干部是指担任现职的副县（处）长以上领导干部，以及按照中共中央、国务院有关规定，经组织部门正式任命的副县（处）级以上非领导职务的人员。

第六十二条 退（离）休领导干部在全国学会兼职不得领取薪酬、奖金、津贴等兼职报酬和获取其他额外利益，也不得领取各种名目的补贴等；确需安排工作经费的，应仍严控制，且不得超过规定标准和实际支出。

第六十三条 公务员因工作需要在全国学会兼职的，应经有关机关批准，且不得领取兼职报酬。确需全国学会安排工作经费的，应向批准兼职的有关机关报备，且不得超过规定标准和实际支出。

第六十四条 国有独资企业、国有控股企业（含国有独资金融企业和国有控股金融企业）及其分支机构的领导班子成员经批准兼任全国学会领导职务的，不得领取薪酬及其他收入。确需全国学会安排工作经费的，应向批准兼职的有关单位报备，且不得超过规定标准和实际支出。

第六十五条 事业单位在职的编制内人员因工作需要在全国学会兼职的，且所在地区、行业领域、系统、单位等未对兼职取酬作出限制性规定的，可视情况由全国学会作出规定。

第六十六条 全国学会应将薪酬管理制度的制定和修改列为理事会（常务理事会）决策事项。全国学会薪酬标准应在适当范围内予以公布，薪酬管理情况应定期向会员（代表）大会报告。

第六十七条 全国学会应自主制定并严格执行《薪酬管理办法》，明确薪酬结构和标准、支付原则和范围，以及绩效工资管理规范。

第八章　全国学会劳务支出管理

第六十八条 劳务支出是指全国学会向为本学会提供服务的非雇用关系的个人支付的一次性劳务费，包括咨询费、学术专题报告费、讲课费、评审费、材料撰写费、翻译费、编辑费、编审费、调研费、稿酬（稿费）等。

第六十九条 全国学会根据自身发展阶段、所从事业务领域等因素自主制定劳务支出标准。按规定记入政府补助收入科目的财政项目资金，在支付劳务费时，应按照国家有关规定和财政项目委托单位制定的劳务支出标准执行。按规定记入政府补助收入科目之外的财政项目资金，财政项目委托单位有明确约定的，应按其约定执行；没有明确约定的，在支付劳务费时，可按照学会自主制定的劳务支出标准执行。

第七十条 全国学会应根据章程规定的宗旨和业务范围，按照实际工作需要自主确定劳务费类别，如咨询费、学术专题报告费、讲课费、评审费、材料撰写费、翻译费、编辑费、编审费、调研费等。

第七十一条 全国学会劳务费发放对象为向本学会提供服务且与本学会未订立劳动合同的专家、在读研究生、访问学者、项目临时人员等。与全国学会订立劳动合同的专（兼）职人员，不应以任何形式在本学会领取劳务费，稿酬（稿费）不在此限。

第七十二条 在全国学会兼任理事长（会长）、副理事长（副会长）、监事长、监事、秘书长、副秘书长的人员，已在本学会领取薪酬的，不得以任何形式领取劳务费，稿酬（稿费）不在此限；没有在本学会领取薪酬的，也不得以所兼任职务为由领取劳务费，但以专家身份为学会提供兼任职务之外的专业技术或学术交流服务时，可以按规定标准据实领取劳务费。本条款所述兼职人员领取劳务费的情况应向会员（代表）大会公开。其中，党政机关领导干部、退（离）休领导干部、公务员和国有独资企业、国有控股企业（含国有独资金融企业和国有控股金融企业）及其分支机构的领导班子成员，在全国学会兼任本条款所述学会职务的，按规定不得领取任何报酬。

第七十三条 全国学会支付境内人员劳务费的，应通过本学会银行账户转账；支付境外人员劳务费的，一般应通过本学会银行账户外汇专户办理境外汇款。

第七十四条 全国学会向诺贝尔奖得主，或者相当于诺贝尔奖的国际知名科技大奖（如菲尔兹奖、图灵奖、狄拉克奖等）得主，国际知名学者、专家等发放劳务费的，应“一事一议”，严格按照本学会财务决策程序报批后执行。

第七十五条 全国学会应严格按照自主制定的劳务支出标准发放劳务费。未制定劳务支出标准的全国学会，可暂时参考以下标准发放：

业务名称	费用内容及职称或职务		建议标准（税后）
咨询费	会议形式	院士、全国知名专家	≤ 5500 元 / 人天 ≤ 3300 元 / 人半天
		高级专业技术职称人员	≤ 3600 元 / 人天 ≤ 2160 元 / 人半天
		其他专业人员	≤ 1800 元 / 人天 ≤ 1080 元 / 人半天
	会议形式（第三天及以后，按 50%）	院士、全国知名专家	≤ 2750 元 / 人天
		高级专业技术职称人员	≤ 1800 元 / 人天
		其他专业人员	≤ 900 元 / 人天
	通讯形式	院士、全国知名专家	≤ 2750 元 / 人次
		高级专业技术职称人员	≤ 1800 元 / 人次
		其他专业人员	≤ 900 元 / 人次
学术专题报告费	院士、全国知名专家		≤ 3300 元 / 人次
	高级技术职称		≤ 2160 元 / 人次
	其他专业技术人员		≤ 1080 元 / 人次
讲课费	院士、全国知名专家		≤ 1800 元 / 学时
	高级技术职称		≤ 1200 元 / 学时
	其他专业技术人员		≤ 600 元 / 学时

续表

业务名称	费用内容及职称或职务		建议标准（税后）
评审费	国际学术会议	摘要评审费	≤ 80 元 / 篇
		全文评审费	≤ 400 元 / 篇
		摘要评审费	≤ 40 元 / 篇
		全文评审费	≤ 300 元 / 篇
		论文形审及查重费	≤ 20 元 / 篇
	项目评审	院士、全国知名专家	≤ 5000 元 / 人天 ≤ 3000 元 / 人半天
		高级技术职称	≤ 3000 元 / 人天 ≤ 1800 元 / 人半天
		其他专业人员	≤ 1800 元 / 人天 ≤ 1000 元 / 人半天
		通讯评审	≤ 200 元 / 份
材料撰写费（不含稿酬）	院士、全国知名专家		≤ 600 元 / 千字
	高级职称（或相应职务）		≤ 320 元 / 千字
	中级职称（或相应职务）		≤ 240 元 / 千字
	学生及无职称撰稿人		≤ 160 元 / 千字
翻译费	中译英	翻译	≤ 360 元 / 千字
		校核	≤ 260 元 / 千字
	英译中	翻译	≤ 320 元 / 千字
		校核	≤ 200 元 / 千字
	同声传译		≤ 10000 元 / 天
编辑费	中文	深度编辑、加工、整理	≤ 300 元 / 千字
	英文	正文	≤ 120 美元 / 千字
		参考书籍及介绍信材料	≤ 20 美元 / 千字
		校对排版或数码打样文章	≤ 40 美元 / 千字

续表

<table>
<tr><th>业务名称</th><th colspan="2">费用内容及职称或职务</th><th>建议标准（税后）</th></tr>
<tr><td rowspan="4">编审费</td><td colspan="2">高级专业技术职称</td><td>≤ 1000 元 / 篇</td></tr>
<tr><td colspan="2">其他专业人员</td><td>≤ 600 元 / 篇</td></tr>
<tr><td rowspan="2">仅审稿</td><td>期刊</td><td>≤ 200 元 / 篇</td></tr>
<tr><td>图书</td><td>≤ 60 元 / 千字</td></tr>
<tr><td rowspan="6">调研费</td><td rowspan="3">现场访谈、勘察、调研</td><td>院士、全国知名专家</td><td>≤ 5500 元 / 人天</td></tr>
<tr><td>高级专业技术职称</td><td>≤ 3600 元 / 人天</td></tr>
<tr><td>其他专业人员</td><td>≤ 1800 元 / 人天</td></tr>
<tr><td rowspan="3">现场访谈、勘察、调研（第三天及以后，按 60%）</td><td>院士、全国知名专家</td><td>≤ 3300 元 / 人天</td></tr>
<tr><td>高级专业技术职称人员</td><td>≤ 2160 元 / 人天</td></tr>
<tr><td>其他专业人员</td><td>≤ 1080 元 / 人天</td></tr>
<tr><td rowspan="8">其他劳务费</td><td rowspan="2">学术活动现场服务劳务费</td><td>学生志愿者</td><td>≤ 300 元 / 人天</td></tr>
<tr><td>其他协办人员</td><td>≤ 900 元 / 人天</td></tr>
<tr><td colspan="2">学术活动筹备劳务费</td><td>≤ 900 元 / 人天</td></tr>
<tr><td colspan="2">各类监考劳务费</td><td>≤ 400 元 / 人次</td></tr>
<tr><td rowspan="3">短期参与项目的研究人员（非雇佣关系）劳务费</td><td>院士、全国知名专家</td><td>≤ 3300 元 / 人天</td></tr>
<tr><td>高级专业技术职称人员</td><td>≤ 2160 元 / 人天</td></tr>
<tr><td>其他专业人员</td><td>≤ 1080 元 / 人天</td></tr>
<tr><td>短期参与项目的辅助人员（非雇佣关系）劳务费</td><td>包括实习生、在读研究生、其他临时人员等</td><td>根据其在项目中承担的工作任务确定</td></tr>
</table>

第七十六条 稿酬（稿费）是指新闻、出版机构在文稿、书稿、译稿采用后付给著译者的劳动报酬。全国学会支付稿酬（稿费）的，应按国家有关规定执行。

第七十七条 全国学会应在自主制定的《支出报销规范》中分类

明确劳务费支出范围、支出标准、报销手续、审批程序、个人所得税代扣代缴要求等。

第九章　全国学会分支机构财务管理

第七十八条　分支机构是指全国学会根据开展活动的需要，依据业务范围划分或者会员组成的特点而设立的专门从事某项活动的机构。

第七十九条　全国学会应按规定设置分支机构。全国学会不得设立地域性分支机构，不得在分支机构下再设立分支机构。全国学会分支机构不具有法人资格，法律责任由设立该分支机构的全国学会承担。

第八十条　全国学会分支机构开展活动应当符合章程规定的宗旨和业务范围。不得以分支机构名义签订任何形式的经济合同；未经全国学会授权或批准，分支机构不得与其他民事主体开展合作活动；分支机构开展活动需要签订经济合同的，应由全国学会统一签署并加盖全国学会公章（或合同专用章）。

第八十一条　全国学会应将分支机构全部收支纳入学会账户统一管理、统一核算，不得计入其他单位、组织或个人账户。

第八十二条　全国学会分支机构不得开设独立的银行账户，不得单独制定会费标准，不得自行接受捐赠收入，不得截留会费收入和捐赠收入。

第八十三条　全国学会应加强和创新分支机构财务管理。全国学会应鼓励和指导分支机构制定年度活动计划、编制年度预算。

第八十四条　全国学会不得向其分支机构收取或变相收取管理费用，不得将分支机构委托其他组织运营。

第八十五条　全国学会应自主制定并严格执行《分支机构管理办法》，明确分支机构财务管理权限责任、报销规范等。

第十章　全国学会大型学术交流活动财务管理

第八十六条　大型学术交流活动是指全国学会在章程规定的宗旨和业务范围内，为服务特定群体交流和展示学科知识、研究成果、实践经验等，以及传播和普及科学技术，而举办的大规模主旨活动。

第八十七条　全国学会举办大型学术交流活动应符合章程规定的宗旨和业务范围，且严格贯彻落实中央“八项规定”精神，厉行节约、勤俭办事，不得铺张浪费。

第八十八条　全国学会应将大型学术交流活动纳入年度预算管理。全国学会举办大型学术交流活动应提前制定活动计划，合理确定活动规模，从严控制活动成本，努力提高活动资金使用效益。

第八十九条　全国学会以“主办单位”“协办单位”“支持单位”“参与单位”“指导单位”等方式开展合作活动的，应当切实履行相关职责，加强对活动全程监管，不得以挂名方式参与合作。

第九十条　大型学术交流活动有多个主办、承办单位的，应以书面协议方式确定相关权利义务。作为主办单位的全国学会，应当对活动收入如实入账，不得向承办方或协办方以任何形式收取费用。活动的收支核算应符合会计制度和账户管理规定，严格执行“收支两条线”规定，不得坐收坐支，不得账外核算，杜绝“小金库”。

第九十一条　全国学会应在举办大型学术交流活动前，公开活动收费范围、标准，且不得随意更改，活动期间不得以任何形式强制服务和强制收费。

第九十二条　全国学会举办大型学术交流活动涉及的采购事项，原则上采取竞争性方式确定供应商，其中技术复杂的应引入专家论证、第三方评估等机制。对采购金额较大的，全国学会应参考政府采购规定的公开招标、邀请招标、竞争性磋商、竞争性谈判、询价、单一来源等采购方式，简化操作程序、优化内部流程，自主制定本学会采购操作规程，并严格依据采购操作规程自行组织实施。对采购金额较小的，全国学会应按照“事前授权、事后报告”的原则进行授权管理。

第九十三条 全国学会举办大型学术交流活动涉及的住宿、餐饮、场地租赁等有市场公开报价的采购事项，采购价格一般不宜超过公开报价。

第九十四条 全国学会举办大型学术交流活动涉及的合同事项，原则上应在活动开始前协商签订，并明确双方权利义务关系，约定收付款方式、条件、时间和金额。有条件的全国学会，应提前制定大型学术交流活动主要收支事项的合同范本，规范合同管理。

第九十五条 全国学会举办大型学术交流活动应据实报销各类费用，不得列支与活动无关支出，不得超预算支出。活动期间遇到计划外的特殊支出事项，应严格履行学会内部审批或授权程序。

第九十六条 全国学会举办评比达标表彰活动应按规定报经有关部门批准。全国学会举办评比达标表彰活动一般应在会员范围内开展，坚持谁举办、谁出钱的原则，不得以营利为目的，不得将活动委托营利机构主办或承办；不得收取任何费用或变相收取费用，不得在事后组织要求参与对象出钱出物的活动；不得面向基层政府主办，不得超出登记的活动地域、活动领域和业务范围举办。

第九十七条 全国学会将大型学术交流活动委托其他组织承办或者协办的，应加强对活动的主导和监督，不得向承办方或者协办方收取任何费用或变相收取费用。

第九十八条 全国学会举办大型学术交流活动，不得利用党政机关名义举办，不得进行与收费挂钩的品牌推介、成果发布、论文发表等活动，不得借机变相公款消费、旅游，不得发放礼金、礼品、昂贵纪念品和各种有价证券、支付凭证。

第九十九条 全国学会举办大型学术交流活动，应接受登记管理机关、业务主管单位、纪检监察部门和审计机关的监督检查，并在年度工作报告中作为重大业务活动事项报告。

第十一章 全国学会对外投资管理

第一百条 对外投资是指全国学会以货币资金、实物资产、无形资产等方式，或以购买股票、债券等有价证券的方式，向其他经济实体进行投资。

第一百零一条 全国学会对外投资应纳入年度预算管理，并将投资项目可行性研究或专家论证作为前置程序。

第一百零二条 全国学会对外投资情况应定期向理事会（常务理事会）、监事会（监事）报告，并主动向社会公开。

第一百零三条 全国学会对外投资应按民间非营利组织会计制度规定的核算要求进行准确核算。全国学会应建立对外投资项目档案，加强跟踪管理，及时掌握被投资单位的经营状况、财务状况等。

第一百零四条 全国学会对被投资单位有控制权或者有实质上的控制权的，应当视管理需要编制合并会计报表。

第一百零五条 全国学会应及时收回或处置到期投资资产。到期不能收回的投资资产，全国学会应参照行政事业单位资产清查核实认定标准进行认定，在经过理事会（常务理事会）批准后，按民间非营利组织会计制度核算要求进行账务处理。

第一百零六条 对外投资的全国学会应自主制定并严格执行《对外投资管理办法》，明确对外投资项目立项程序、跟踪管理规范等。

第十二章　全国学会税收政策执行管理

第一百零七条　税收政策执行是指全国学会按照国家相关法律规定，依法纳税，依法享受税收优惠。

第一百零八条　全国学会应依法纳税。除税收相关法律法规规定不予征税或免税的，全国学会的各项收入（收费），都应到指定税务主管部门购领和使用相关税务发票，依法纳税。

第一百零九条　全国学会会员会费收入可按规定免征增值税。

第一百一十条　全国学会接受公益事业捐赠收入可按规定免征增值税。

第一百一十一条　全国学会取得的按规定应记入政府补助收入科目的收入按规定无需缴纳增值税。

第一百一十二条　全国学会按照核定的预算和经费报领关系收到的由财政部门或上级单位拨入的财政补助收入可按规定不征企业所得税。

第一百一十三条　符合规定条件的全国学会可申请企业所得税免税资格认定。全国学会申请免税资格认定，须同时满足以下条件：

（一）从事公益性或者非营利性活动；

（二）取得的收入除用于与该组织有关的、合理的支出外，全部用于登记核定或者章程规定的公益性或者非营利性事业；

（三）财产及其孳息不用于分配，但不包括合理的工资薪金支出；

（四）按照登记核定或者章程规定，该组织注销后的剩余财产用于公益性或者非营利性目的，或者由登记管理机关采取转赠给与该组织性质、宗旨相同的组织等处置方式，并向社会公告；

（五）投入人对投入该组织的财产不保留或者享有任何财产权利，本款所称投入人是指除各级人民政府及其部门外的法人、自然人和其他组织；

（六）工作人员工资福利开支控制在规定的比例内，不变相分配该组织的财产，其中：工作人员平均工资薪金水平不得超过税务登记所在地的地市级（含地市级）以上地区的同行业同类组织平均工资水平的两倍，工作人员福利按照国家有关规定执行；

（七）除当年新设立或登记的全国学会外，申请前一年度的检查结论为“合格”；

（八）对取得的应纳税收入及其有关的成本、费用、损失应与免税收入及其有关的成本、费用、损失分别核算。

获得企业所得税免税资格的全国学会，其企业所得税免税收入范围包括：接受捐赠收入；除《中华人民共和国企业所得税法》第七条规定的财政拨款以外的其他政府补助收入，但不包括因政府购买服务取得的收入；会费收入；不征税收入和免税收入孳生的银行存款利息收入；财政部、国家税务总局规定的其他收入。

第一百一十四条 符合小型微利企业条件的全国学会可按规定享受小型微利企业所得税优惠。

第十三章 全国学会发票和财政票据管理

第一百一十五条 发票和财政票据管理是指全国学会依据国家有关规定对各类发票和财政票据领购、发放、使用、保管、核销、销毁等实施规范管理的过程。

第一百一十六条 全国学会应按规定开具与经济业务活动相应的发票或财政票据。全国学会开展经营服务取得的收入，在增值税纳税义务发生时，应开具增值税发票；在向会员收取会费时，应开具社会团体会费票据；暂收、代收性质的财政资金，以及学会内部资金往来结算时，应开具资金往来结算票据；依法接受公益性捐赠的，应在收款时开具公益事业捐赠票据。

第一百一十七条 全国学会依法收取政府非税收入或者从事非营利性活动收取财物时可按规定开具财政票据。

第一百一十八条 全国学会应将发票和财政票据存根保存5年及以上，销毁须经财税部门查验或批准。

第一百一十九条 社会团体会费票据是全国学会向会员收取会费时开具的法定凭证，不得用于其他用途。

第一百二十条 公益事业捐赠票据是全国学会依法接受公益性捐赠时开具的法定凭证，不得用于其他用途。

第一百二十一条 发票是全国学会在购销商品、提供或者接受服务以及从事其他经营活动中开具、收取的法定收付款凭证，未发生经营业务不得开具发票。

第一百二十二条 全国学会应建立发票和财政票据使用登记制度，设置票据管理台账，按规定向财税部门报送票据使用情况。

第一百二十三条 全国学会应加强发票和财政票据的日常管理，确保保管、使用相互分离。

第一百二十四条 全国学会应按规定制定并严格执行《发票和财政票据管理规范》，明确保管人的职责，分类明确发票和财政票据使用范围、开具条件。

第十四章　全国学会承接财政项目实施管理

第一百二十五条 财政项目指中央财政安排中央和国家有关部门完成公共服务和事业发展目标的项目，不含基本建设类、转移支付类项目。

第一百二十六条 全国学会应加强承接财政项目的实施管理，严格执行项目进度安排，严格专款专用和专账管理，不得挤占、挪用、截留和滞留财政项目资金。

第一百二十七条 全国学会从中国科协机关各部门、各直属事业单位承接的项目均为财政项目，应准确区分为资助类项目和采购类项目分别进行管理。

第一百二十八条 全国学会应加强承接中国科协资助类项目实施管理。资助类项目是指中国科协项目实施部门（单位）主要通过申报评审等方式，支持全国学会等相关单位开展相关业务活动、提供公共服务等事项的财政项目，该类项目事权是以受资助单位为主的共同事权。

全国学会承接资助类项目，收到项目资金时应按规定记入政府补助收入科目，无需开具发票。项目内容发生重大调整的，全国学会应向中国科协项目实施部门（单位）履行报批手续。项目内预算调整的，全国学会应报经中国科协项目实施部门（单位）同意，在结项验收时作出说明。项目资金需要结转的，全国学会应向中国科协项目实施部门（单位）履行报批手续。项目资金结余的，应按规定及时交由中国科协上缴国库。

全国学会承接资助类项目，应按照国家和中国科协有关项目管理规定，以项目任务书为依据，接受中国科协项目实施部门（单位）对项目实施成果、项目资金使用情况进行的“双验收”。

第一百二十九条 全国学会应加强承接中国科协采购类项目实施管理。采购类项目是指中国科协项目实施部门（单位）通过公开招标、竞争性磋商、申报评审等竞争性方式，向相关单位采购货物、服务和工程等事项的财政项目，该类项目事权为中国科协事权。来自中国科协机关本级的政府购买服务项目均属于采购类项目。

全国学会承接采购类项目，收到项目资金时应按规定记入提供服务收入科目（或商品销售收入科目等），且须开具相应发票。对全国学会来讲，采购类项目不涉及项目内预算调整、项目资金结转、项目资金结余等情况。

全国学会承接采购类项目，应按照国家和中国科协有关项目管理规定，以项目合同书为依据，接受中国科协项目实施部门（单位）对学会交付货物、提供服务、完成施工等相关履约情况进行验收。除项目合同书有明确约定外，履约验收时一般不对项目资金使用情况进行审验。

第一百三十条 全国学会承接中国科协财政项目，包括资助类和采购类项目，项目资金中不得列支：应纳入财政预算单位基本支出预算开支的各项费用；中国科协机关各部门、各直属事业单位在职的编制内人员的劳务费（不含稿酬、讲课费）；罚款、还贷、捐赠、赞助、对外投资等费用；应列支基建支出的费用；与项目实施无关的费用；国家财政财务规定不能列支的其他费用。

第一百三十一条 全国学会承接中国科协资助类项目，项目资金中不得列支本学会工作人员薪酬。全国学会承接中国科协采购类项目，在履约验收通过后，剩余项目资金可列支学会各项开支。

第一百三十二条 全国学会承接中国科协以外的财政项目，应严格按照国家和项目委托单位有关规定加强管理。

第一百三十三条 全国学会应自主制定并严格执行《项目管理办法》，明确承接财政项目实施管理负责人职责，明确项目支出范围、标准和绩效管理规范。

第十五章 全国学会会计档案管理

第一百三十四条 会计档案是指全国学会在进行会计核算等过程中接收或形成的，记录和反映单位经济业务事项的具有保存价值的文字、图表等各种形式的会计资料，包括通过计算机等电子设备形成、传输和存储的电子会计档案。

第一百三十五条 全国学会应加强会计档案管理，主动接受并配合财政部门、档案行政管理部门、登记管理部门和业务主管部门的监督检查。全国学会的会计凭证（包括原始凭证、记账凭证）、会计账簿（包括总账、明细账、日记账、固定资产卡片及其他辅助性账簿）、财务会计报告（包括月度、季度、半年度、年度财务会计报告）、其他会计资料（包括银行存款余额调节表、银行对账单、纳税申报表、会计档案移交清册、会计档案保管清册、会计档案销毁清册、会计档案鉴定意见书及其他具有保存价值的会计资料）和满足规定条件的电子会计资料必须归档管理。

第一百三十六条 全国学会应按规定年限保管会计档案。永久保管的会计档案包括年度财务会计报告、会计档案保管清册、会计档案销毁清册、会计档案鉴定意见书；保管 30 年的会计档案包括原始凭证、记账凭证、总账、明细账、日记账、其他辅助性账簿、会计档案移交清册；保管 10 年的会计档案包括月度、季度、半年度财务会计报告，银行存款余额调节表、银行对账单、纳税申报表；固定资产卡片须在固定资产报废清理后保管 5 年。

第一百三十七条 全国学会须建立完善并严格执行会计档案交接规范。全国学会会计档案查阅、复制、借出时须严格履行登记手续，严禁篡改和损坏，一般不得对外借出，不得交由学会工作人员放在家中保管。

第一百三十八条 全国学会会计机构临时保管会计档案最长不超过三年。

第一百三十九条 全国学会应定期对已到保管期限的会计档案进行鉴定，并形成会计档案鉴定意见。经鉴定可以销毁的会计档案，应按规定程序销毁。

第十六章 全国学会财务管理的组织与实施

第一百四十条 全国学会应尽快将财务管理信息化纳入工作规划，

积极配合中国科协全面推进学会财务管理信息化建设。

第一百四十一条 已建设各类财务信息系统的全国学会，应制定系统操作规范，明确系统使用权限和数据管理流程，建立信息备份和数据安全管理机制。

第一百四十二条 全国学会应积极组织财务管理培训。全国学会应把财务管理培训作为基础性工作常抓不懈，积极组织财务人员轮训，促进学会财务人员业务能力提升。

第一百四十三条 全国学会应积极配合中国科协定期组织的财务内控风险防控专项检查，对发现问题进行认真整改。

对发现问题严重或整改落实不到位的全国学会，中国科协将停止对其的各类奖励、荣誉、项目等支持；对落实中央“八项规定”精神不到位，以及不制止、不纠正、不查处财务管理突出问题的全国学会，将予以通报；涉及违规违纪的，按照相关规定移交纪检监察部门处理；构成违法犯罪的，按照有关法律规定移交司法机关处理。

第十七章　附　则

第一百四十四条 已纳入中央财政预算管理的全国学会，须严格遵守国家财政管理有关规定。国家财政未作出规定的事项，应参照本大纲执行。

第一百四十五条 国家相关行政管理部门对本大纲涉及事项另行规定的，遵照其相关规定执行。

第一百四十六条 本大纲由中国科协计划财务部负责解释。

第一百四十七条 本大纲自发布之日起施行。